KB088586

모든 순간 껴안기

Embracing each moment © 2016 by Anam Thubten
All rights reserved.
Korean translation rights © 2016 Dam & Books
This Korean edition was published by arrangement with Shambhala Publications,
Inc., Boulder through Sibylle Books Literary Agency, Seoul

이 책의 한국어판 저작권은 시빌에이전시를 통해 Shambhala 출판사와 독점 계약한 담앤
북스에 있습니다. 신 저작권법에 의해 한국 내에서 보호를 받는 저작물이므로 무단 전재
와 무단 복제를 금합니다.

후 회 없 이 걱 정 없 이 지 금 여 기 에 서

모든 순간 껴안기

Embracing each moment - A guide to the awakened life

아남 툽텐 지음 | 임희근 옮김

담앤북스

일러두기

1. 본문 중 작은 글씨의 설명은 모두 옮긴이의 주석입니다.

2. 본문 중 티베트어와 산스크리트는 한글 음역 옆에 철자를 병기했습니다. 몇몇 단어는
독자의 보다 깊은 이해를 위해 한자나 영어를 병기했습니다.

그토록 많은 아름다운 분들이 떠나갔습니다.

마치 무지개가 스러지듯이.

그들의 얼굴은 내 가슴속 성역에서 미소 짓고 있습니다.

꿈에서 만나려고 애를 써 본 적도 많습니다.

"고맙습니다"라는 말을 하려고요.

이는 우리 입술이 소리 낼 수 있는 가장 신성한 말입니다.

이 말을 할 때마다

우리 사이의 보이지 않는 차가운 얼음이 녹아내립니다.

내 사랑하는 이들, 고맙습니다.

여러분은 내 이야기에 귀 기울여 주었습니다.

수천 번의 맛있는 끼니를 함께 나눴습니다.

내 가슴을 열어 주었고

나를 있는 그대로 받아 주었습니다.

여러분의 존재는 나를 슬프게 하지 않았고,

오직 기쁨만을 주었습니다.

여러분이 계신 곳에서

나의 온 존재는 이리도 편안히 긴장을 풉니다.

내 친구들 모두 고맙습니다.

그대들의 믿음이 내게 힘이 되었습니다.

우리의 우정 덕에 나 자신의 선함을 보게 되었습니다.

그대들이 있어 세상이 덜 낯설게 느껴집니다.

생명을 지탱해 주는 땅에 고맙습니다.

비를 내려 주는 구름

아름다운 꽃

은혜로운 바다

장엄한 산에 고맙습니다.

동물들도 잊지 말아야지요.

벌새들은 귀여워서 미소를 띠게 되니 고맙고,

다람쥐들은 장난꾸러기라 웃게 되니 고맙습니다.

코요테의 섬뜩한 울부짖음에 나의 야생성이 떠오르니 고맙습니다.

그들이 여기 없다면 이 세상은 무척 쓸쓸할 것입니다.

여러 가지 문제들도 고맙습니다.

그것들은 나를 환상에서 깨워 주었습니다.

연민의 길로 이끌어 주었습니다.

그 무엇을 준대도 이 문제들과 바꾸지 않으렵니다.

바로 지금,

보름달이 지켜보는 가운데

나는 허공에 씁니다. '고맙습니다'라고.

곳곳에 입맞춤을 날려 보냅니다.

가슴을 활짝 여십시오.

내가 보낸 입맞춤을 받으실 겁니다.

아남 툽텐

여러 해 전 제가 비행기로 어딘가 가던 중 인천공항에 기착
했을 때, 밖을 내다보다 문득 한국과 이어지고 싶다는 강렬한 바
람을 가졌습니다. 당시 저로서는 이 나라를 방문할 이유가 딱히
없었으니 이런 생각이 논리에 근거한 것은 아니었지요. 그런데 때
로 우리의 바람은 평소 의식이 알아차리지 못하는 앞날의 사건을
이끄는 힘이 되기도 합니다. 결국 제가 한국을 찾는 상서로운 일
이 현실이 되었습니다. 2013년 저는 한국에서 수행을 지도해 달
라는 초청을 받았고, 그 뒤로 계속 한국을 방문해 왔습니다.

한국 민족은 깊이 정신적, 음악적, 낭만적, 명상적입니다. 심
오한 명상 전통이 있기에 제가 여기에 와서 불교 수행을 지도하
게 된 것은 대단히 기쁜 일입니다. 선禪은 전체적으로 한국인의
마음에 큰 영향을 끼쳤습니다. 아시다시피 선이란 우리의 믿음 체
계나 미신을 지속하는 것이 아닙니다. 선은 누구보다도 각성된 여
러 스승을 낳았으며, 역사를 통해 볼 때 그분들의 지혜를 다른 문
화들도 잘 받아들였습니다. 정중 무상 선사, 원측 스님, 그밖에도

다른 여러 스승이 그런 분들입니다. 선은 매 순간 우리의 망상을 떨어내어 삶의 경이를 깨우는 일입니다. 이 세상에 이러한 전통이 있다는 것은 행운입니다.

몇 년 전 차를 타고 한강변을 달릴 때 어느 스님이 한 다리를 가리키며, 그 다리 명칭이 7세기 유명한 불교 스승인 원효 대사의 이름을 딴 것이라고 했습니다. 이를 보아도 한국 문화는 그런 옛날 큰스승들의 지혜에 깊은 영향을 받았음을 알 수 있습니다. 심지어 한국은 더 이상 불교 국가로 규정되지 않는데도 이 힘이 생생히 살아 있음을 느낄 수 있습니다.

한국어로 번역된 저의 책들이 놀라운 매체가 되어 여러분에게 제가 표현한 정신성을 알리고 있습니다. 이 책의 번역을 맡아 준 소나 임희근 님에게 깊이 감사합니다. 부디 읽는 분들이 붓다의 가르침의 미묘한 깊이를 이해하고 실천적인 지혜를 찾아내 일상에 적용하고 평화와 기쁨을 발견했으면 합니다.

2016년 여름, 경주에서

아남 툽텐

인간으로 살아가는 이 삶은 놀라운 기적입니다. 우리는 느끼고 맛보고 만질 수 있습니다. 슬픔을 느낄 수 있고, 사랑에 빠질 수 있고, 남들에게 연민을 느낄 수 있습니다. 무한한 우주에서 우리 개개인은 오직 하나밖에 없음을 느끼며 앞으로의 운명은 어떨까 내다보기도 하고 호기심을 가지면서 우주의 신비에 놀랄 때가 많습니다. 또 복잡한 인지 능력을 지닌 덕분에 이런저런 분석을 할 수 있습니다. 여러분이 어쩌다가 여기 이곳에 사람 몸을 받아 태어나게 되었는지 생각해 본 적이 있습니까? 우리는 모두 때로 도전과 고통을 겪으며 살아갑니다. 도전과 고통을 겪을 때, 사람살이는 만만치 않은 일입니다. 이는 많은 사람이 거듭 겪는 현실입니다. 우리 자신이나 우리가 사랑하는 사람들, 모두 이렇다는 것을 우리는 압니다. 또 어떤 때는 사람으로 산다는 것이 참 재미있습니다. 맛있는 음식을 나누어 먹고 자연의 신비에 사로잡히고, 하고 싶은 일을 하고 그 일로 힘이 납니다. 결국 사람으로 산다는 것은 기적이며 삶은 축복입니다. 우리는 모두 행복하기를 원합니다. 이는 우리의 가장 강한 충동인 것 같습니다. 옛날부터 지금까지, 사람들은 어떻게 행복을 얻을까 하는 물음에 답하는 데 많은 힘을 기울였습니다. 우선, 우리의 행복은 마음 상태에서 옵니다. 물론 외부 상황이 큰 역할을 한다는 사실을 부인할 수는 없지만 말입니다. 우리는 기본 욕구를 충족하면 몸이 편안해집니다. 음식과 쉼터를 찾아야 한다는 걱정도 줄어듭니다. 그러나 그런 것이 충족되어도 우리는 점점 더 참된 행복이란 마음속 깊은 곳에서 온다는 것을 알게 됩니다. 참된 행복은 삶과 자기 자신에 대한 그릇된 믿음을 놓아 버리는 데서 옵니다. 또 해묵은 감정 패턴을 보내 버리고 자애와 연민을 통해 마음을 활짝 여는 데서도 옵니다.

우리는 자기 자신에게만 온전히 초점을 맞추어서도 안 됩니다. 그렇게 하면 속이 좁아지고 고통도 엄청나게 생겨납니다. 무슨 일이든 오로지 자신만을 위해 할 때, 좋고 나쁨이라는 이원론적 춤을 통해 우리에게 일어나는 모든 일이 매우 딱딱한 방식으로 정해집니다. 우리가 자기중심성으로부터 자유로울 수 있다고 상상하기란 어려울 것입니다. 그러나 에고를 완전히 놓아 버리지는 못해도 자기중심성을 줄일 수는 있습니다. 우리는 스스로 의식의 광활한 상태, 무한한 자애, 조건 없는 기쁨, 두려움 없음, 모든 것을 품어 안는 연민 쪽으로 마음을 열 수 있습니다. 이 세상에는 우리가 놓칠 수 있는 것이 아주 많습니다. 지나치게 자기중심적으로 살다 보면 고통이 생겨날 뿐만 아니라 우리가 이룰 수 있는 모습과 체험할 수 있는 것에 가까이 다가가지 못합니다.

불교는 우리 일상의 삶에 좀 더 의미를 부여하는 데 도움이 되는 비범한 가르침을 지니고 있습니다. 불교는 우리가 내적으로 성장하고 갖가지 상황에서 참된 행복을 찾을 수 있게 도와줍니다. 개인적으로 저는 불교를 만난 것이 축복이라고 느낍니다. 붓다의 가르침은 보물 중에 보물입니다. 제가 열과 성을 기울여 하는 일은 그 핵심 지혜를 다른 이들과 나누는 것입니다. 저는 가르침을 통해 이 일을 하고 있습니다. 주로 서양에서 하는데 가끔 정기적으로 동양에 가서 하기도 합니다. 제 이야기를 들으러 오는 서양인들은 대부분 불교의 명상적인 측면에 좀 더 관심이 있습니다. 그런 분들은 일단 올바른 방법만 찾으면 자기 삶을 바꿀 수 있다고 생각하는 것 같습니다. 그들은 어떤 신적인 존재라든가 아주 뛰어난 인간 같은 어떤 월등한 힘에서 오는 위안을 찾지 않습니다. 이는 붓다의 잘 알려진 다음과 같은 말씀과 맥을 같이합니다. "내가 그대들에게 길을 가리켜 보여 줄 수는 있지만 그대들의 해방은 스스로에게 달려 있다"는 말씀 말입니다.

개인적으로, 저는 서양에 살게 되어 불교의 핵심에 대해 아주 많은 것을 배웠다고 생각합니다. 현대 서양문화의 토대라 할 끈질긴 호기심과 꼬치꼬치 따져 묻는 성향은 생생히 살아서 즙

이 뚝뚝 흐르는 불교와 저를 더욱 밀접하게 연결시키는 데 도움이 되었습니다. 아주 여러 차원에서 마음의 개방성과 자유가 있는 세계에서 불교를 전하고 실천하며 수행할 행운을 누리게 된 것이 정말 행복합니다.

이 책은 제가 샌프란시스코 베이 지역에서 했던 대중 설법을 중심으로 엮은 것입니다. 보통 이 설법을 듣는 집단에는 명상을 오래 해서 익숙해진 분들과 명상 초심자들이 섞여 있습니다. 그중에는 이미 상좌부불교, 금강승불교 혹은 선불교 수행을 했거나 불교 외의 다른 전통을 신봉해 온 분들도 있습니다. 저마다 나름의 정신적 풍부함과 배경으로 제 몫을 하는 집단에 속한 것은 훌륭한 일입니다. 제가 할 수 있는 한 최선을 다해 누구나 쉽게 알아들을 수 있는 말로 불교 가르침의 핵심을 설명하려고 합니다. 저의 의도는 이러한 가르침을 명확히 전해 사람들이 그것을 일상생활에서 실천하고 구현할 수 있게 하는 것입니다.

잠시 이 지면을 빌려 이 책이 나올 수 있도록 도와준 분들에게 깊은 감사를 표합니다. 저희 공동체에는 제 설법을 일반 대중이 접할 수 있도록 열심히 일하는 자원봉사자가 많습니다. 그분들한 분 한 분께 감사합니다. 그분들은 마음이 선하며 남들을 돕겠다는 진정한 의도를 지녔습니다. 이 감탄스러운 분들을 알게 되어 저는 정말 행운이라고 느낍니다. 그렇게 꾸준히 제게 힘이 되어

이 책을 내도록 동기부여를 해 준 분들 가운데 한 분이 샤론 로입니다. 샴발라 출판사와 지속적이고 긍정적으로 연결된 것도 또 하나의 축복입니다. 이 출판사에서 펴낸 책들은 세상에 많은 지혜를 전해 주었습니다. 거듭 감사드립니다. 여러분이 하루하루 살아가면서 자유와 참된 행복, 명료함과 용기를 찾는 데에 이 책이 도움이 되었으면 합니다.

제1장

인생을 살면서
꼭 한번 던져야 할 질문

행복에 관한 불교의 가르침

당신만의 두려움을
모두 인정하십시오.
불교의 가르침이란
당신 자신의 두려움을 알아차리는 것,
즉 자신의 한계를 알아차리는 것
그리고 사랑하는 법을 배우는 것.
이게 다입니다.

우리가 살아가는 방식에는 두 종류가 있습니다. 정신적인 방식과 관습적인 방식이지요. 간혹 이렇게 생각하는 사람들이 있습니다. 정신적인 삶의 방식이란 순전히 야채만 먹고 담배도 안 피우고 술도 안 마시는 것이라고. 하지만 정신적으로 산다는 것은 무엇을 먹건 안 먹건, 그런 것과는 아무 상관이 없습니다. 정신적인 삶의 방식이란 오로지 내적 성찰과 관련됩니다. 내적 성찰을 실행하기 시작할 때 비로소 여러분은 정신적 삶을 살아가는 것입니다.

살다가 어느 시점에는 중요한 성찰을 본격적으로 해 보고 싶다는 생각이 들 수 있습니다. 수도원이나 사찰 같은 환경은 내적 성찰을 실행하도록 북돋아 줍니다. 우리가 그대로 따르기만 하면 되는, 이미 짜인 일련의 전통적 성찰도 있습니다. 이런 성찰들은 상당히 강력하며 수많은 사람이 이를 실행한 바 있습니다. 그렇게 실행한 사람 중에는 깨달음을 얻은 사람도 많습니다. 전통적인 내적 성찰의 가르침은 꽤나 강력할 수 있습니다. 왜냐하면 우리 마음을 뒤흔들어 환상과 거짓, 안락의 세계에서 깨어나게 하기 때문입니다. 그러면 우리는 이렇게 살아 있다는 것의 중요성을 드디어 자각할 수 있게 됩니다. 때때로 동양에서는 스승(구루) 같은 정신적 지도자들을 만나게 되고, 심지어 어떤 비전秘傳의 가르침처럼 오직 자신에게 꼭 맞는 성찰을 얻기도 합니다.

불교에서는 '자아란 무엇인가?'를 묻습니다. 살면서 실제로 이를 깊이 고찰하여 깨달은 사람도 많습니다. 우리가 할 수 있는 또 다른 성찰은 '인간으로 살아가는 이 삶의 목적은 무엇인가?'를 묻는 일입니다. 이것은 우리가 하루하루 살아가면서 던지지 않는 물음입니다. 사실 이런 질문을 새삼스레 제기한다면 좀 생뚱맞지 않겠습니까. 이런 질문을 들으면 '지금 무슨 철학 논쟁에 끌어들이려는 거냐' 하고 생각할 것입니다. 느닷없이 누군가에게 '지금 이 삶의 목적이 무엇인가?'라고 묻는다는 걸 상상이나 할 수 있겠습니까? 이런 질문을 해 볼 기회가 단 한 번도 없던 사람도 많습니다. 그런데 이런 물음을 던지지 않을 때, 우리는 깨어나지 못한 삶을 이어 나가는 것입니다.

깨어나지 못한 삶이 항상 괴로운 것만은 아닙니다. 편안하고 심리적으로 위안이 되는 느낌이 있습니다. 이는 마치 좋은 꿈을 꾸는 것과 같습니다. 여러분 중에는 분명 가끔 이런 꿈을 꾼 분이 많을 겁니다. 멋진 꿈을 꾸다가 무엇인가로 인해 퍼뜩 깨어난 경험이 있지요? 자명종 시계 소리나 기르는 개가 짖는 소리, 바깥에서 새가 쨱쨱거리는 소리 때문에 말입니다. 여러분은 계속 꿈을 꾸었으면 합니다. 깨어나지 말 걸 싶습니다. 영광스러운 꿈이었을 수도 있습니다. 어쩌면 왕이 된 꿈, 그것도 한 나라가 아니라 온 세상을 다스리는 왕이 된 꿈이었을 수도 있습니다!

자다가 누가 깨우면 기분이 좋지 않습니다. 우리는 모두 멋진 꿈을 계속 꾸기를 원하니까요. 이따금 깨어나지 않은 삶을 사는 것은 기가 막히게 좋은 꿈을 꾸는 것과 같을 때가 있습니다. 비록 그 꿈의 토대가 온전히 망상이라 할지라도 말이죠. 이 인간 실존의 밑바닥에 도사리는 실상을 우리가 자각하지 못하는 것을 불교에서는 '무명無明이 있다'고 합니다. 물론 깨어난 삶을 살아가는 것은 때로는 좀 고통스러울 수 있습니다. 최소한 잠시라도 고통스러운 과정을 겪어야 합니다. 심리적 위안이나 감정적 편안함, 아름다운 환상을 잃어버리는 것은 괴로울지도 모릅니다. 정말 깨고 싶지 않은 멋진 꿈을 꾼 적이 있습니까? 언제까지나 그 꿈속에서 살수 있었으면 하고 바란 적이 있습니까? 깨어나지 않은 삶을 살아가는 것은 때로 꽤나 편안할 수도 있습니다. 우리는 물 샐 틈 없이 안전하며 우리 삶이 잘 관리되고 있다고 믿습니다. 우리가 어디 있는지 알고, 어디로 가는지도 압니다.

여러분이 실제로 하고 싶을지도 모르는 성찰은 스스로에게 계속 이렇게 묻는 것입니다. '사람으로 살아가는 이 삶의 목적은 무엇인가?'라고요. 이 질문은 매우 강력합니다. 이 물음은 역사를 통틀어 많은 이의 잠을 깨웠습니다. 모든 불교 스승이 가르친 바도 바로 이것입니다. 마치 여름 우안거雨安居 붓다 재세 시 붓다와 제자들은 우기 석 달간 한곳에 머물며 수행했고 아시아의 대승불교권에서는 이 전통이 하안거와 동안거로 이어짐 기간에 선원에 울려 퍼지는 죽비 소리와도 같습니다. 그 소리는 모든 사람을 깨웁니다. 어떤 이들은 이 질문을 받으면 좀 불편해하고 괴로워합니다. 그 괴로움은 안전과 편안함에 대한 우리의 오래된 생각, 우리가 꽉 붙든 그 생각들이 단지 헛것임을 깨닫는 데서 오는 것입니다. 그런 생각들은 멋진 꿈과 같습니다. 우리는 심지어 얼마 동안은 조금 실존적인 불안을 느낄지도 모릅니다. 그런데 이런 불안은 왜 느끼는 것일까요? 은행계좌에 돈이 충분하고, 인간관계도 나무랄 데 없이 좋습니다. 건강도 좋고, 그뿐일까요. 모르는 게 없는 만물박사입니다. 대체 무엇이 문제일까요? 이런 실존적 불안을 느끼는 것이 반드시 나쁜 일은 아닙니다. 때로는 이것이 상당히 정신적인 일일 수 있습니다. 붓다는 궁전에

일단 자신의 두려움을 지켜보면
두려움은 여러분을 장악하는 힘을
잃기 시작합니다.
머지않아 두려움이
여러분의 이웃이 됩니다.
여러분의 신경증이
여러분의 지성이 되는 것입니다.

서 온갖 호사와 편안함에 에워싸인 채 살면서도 바로 이와 같은 불안을 느꼈습니다. 그가 불안을 느낀 것은 위안과 안전이라는 환상에서 깨어나기 시작했기 때문입니다. 실존적 불안은 정신적 깨어남이 발현하는 신호일 수도 있습니다.

이러한 성찰을 계속 해 나가다 보면 여러분은 분명 여러 답을 얻을 것입니다. 어떤 답은 상당히 철학적일 수 있습니다. 언젠가는 결국 이런 생각을 하게 될 수도 있습니다. 삶의 목적은 깨닫기 위한 것이라는 생각. 아주 좋은 답이죠. 사람들 대부분은 이런 질문을 하지 않습니다. 그들은 이 사람살이의 목적이 살아남는 것이라고 느낍니다. 그냥 살아남는 것이 아니라 잘 살아남는 것이라고 말입니다. 그렇습니다. 사람들 대다수에게는 이것이 삶의 목적인 것 같습니다. 우리를 행복하게 해 줄 수 있다고 하는 갖가지 주의주장, 이념, 문구들이 있습니다. 지금 저를 행복하게 하는 것이 여러분을 행복하게 하지 않을 수 있습니다. 머리 깎고 숲속에 들어가 살면 행복해지는 사람들도 있습니다. 어떤 사람들은 세속적인 소유물을 풍성하게 쌓으면 행복해집니다. 어떤 사람들은 파티를 자주 열고 집을 여러 채 소유하는 것을 좋아합니다. 그런 사람들은 그러면 행복한 것입니다. 음악을 연주할 때 매우 행복한 사람들도 있고, 시를 쓸 때 더없이 행복한 이들도 있습니다. 늘 바쁘게 살 때 행복한 사람들도 있습니다.

이런 갈망, 살아남고 싶고 그것도 잘 살아남고 싶다는 갈망과 함께 불안, 특히 두려움이 찾아옵니다. 아프면 어떻게 하나, 잘 살아남지 못하면 어떻게 하나, 남들에게 배척당하면 어떻게 하나, 늙으면 어떻게 하나, 홀로 죽으면 어떻게 하나, 돈이 모자라면 어떻게 하나, 이런 두려움입니다. 그러니까 우리에게는 저마다 나름의 두려움이 있으며 그것이 가지각색으로 표현됩니다. 우리는 이 두려움을 알아차리지 못하고 지낼 때가 많습니다. 이 두려움은 소리가 없습니다. 우리 마음속 어디엔가 숨어서 도사리고 있습니다. 아마도 우리가 그저 롤러코스터를 몰기만 하면 그 두려움이 일어나는 것 같습니다. 하지만 어떤 때 우리는 온갖 종류의 두려움에 시달립니다. 많은 경우 이것이 우리 고통의 원인입니다. 궁극의 장애입니다.

장애에는 여러 형태가 있습니다. 외적 장애, 내적 장애, 은밀한 장애. 이러한 장애라는 개념에 대해 다른 문화보다 더 많이 얘기하는 문화가 있습니다. 제가 태어난 티베트에서는 끊임없이 장애를 이야기합니다. 우리는 장애가 없어지도록 기도해 달라고 누군가에게 부탁하는 것이 보통입니다. 절에 가서 장애를 없애기 위해 온갖 아름다운 의식을 올립니다. 서양에서는 장애라는 개념에 대해 많이 말하는 것을 들어 본 적이 없습니다.

외적 장애가 무엇인지 우리는 상당히 쉽게 이해할 수 있습니다. 외적 장애는 일상생활에서 늘 일어납니다. 때로는 질병처럼 중대한 외적 장애를 만나기도 합니다. 그런가 하면 고속도로를 주행하다 타이어에 펑크가 나는 사건처럼, 늘 일어나는 별것 아닌 장애도 있습니다. 그것도 장애의 한 형태이기는 합니다. 혹은 여러 친구들과 왁자지껄 멋진 저녁식사를 하고 있는데 갑자기 전깃불이 나가 모임을 계속할 수 없게 됩니다. 이것도 일종의 장애입니다. 자동차 열쇠를 잃어버립니다. 이것도 소소한 장애입니다

또 한편으로는 내적 장애가 있습니다. 이는 심리적 장애입니다. 가장 큰 내적 장애는 두려움입니다. 이는 우리가 무한해지는 것을 방해하므로 장애입니다. 이 장애는 우리의 내적 성장을 방해합니다. 또 자애와 연민을 키우지 못하게 합니다. 더 행복해지지도 못하게 합니다. 그래서 두려움이 내적 장애라는 것입니다. 정말이지 누구나 자기만의 내적 장애가 있습니다. 의심, 미움, 성냄, 두려움 같은 장애입니다. 두려움은 일반적으로 퍼진 장애인 것 같습니다.

저는 항상 '녹아든다'는 개념을 얘기해 왔습니다. 아마 요즘 들어서는 그 어떤 말보다 이 말을 많이 하는 것 같습니다. 예전에는 깨달음에 관해 꽤 많이 얘기하곤 했습니다. 그러다가 시간이 가면서 제가 잘 쓰는 어휘를 바꾸었습니다. 요즘에는 깨달음 이야기는 거의 안 합니다. 다행히 아무도 불평하지 않더군요. 저를 찾아와서 제가 깨달음 이야기를 많이 하지 않는다고 말한 분이 아무

도 없습니다. '녹아든다'는 것은 어떤 식으로든 계약을 맺고 있다거나 단절되어 있다고 느끼지 않는 상태를 체험하는 것입니다. 계약이나 단절 대신 '녹아든다' 함은 이 세상을 믿을 수 있고, 이 우주를 믿을 수 있고, 이 인간의 삶을 믿을 수 있다는 느낌을 갖는 것입니다. 이것은 완전히 비합리적인 느낌입니다. 사랑도 바로 그렇습니다. 사랑은 비합리적입니다. 연민도 그렇습니다. 연민은 완전히 비합리적입니다. 삶을 믿는다는 느낌을 이해할 수 있습니까? 그러니까 당신만의 실존, 당신만의 신체 영역, 당신만의 정신 영역, 당신의 에고 영역에 어느 정도 의존하면서 외부 세계와 투쟁하거나 그로부터 도망치는 '당신'은 더 이상 없습니다. 이러한 신뢰감은 당연히 여러분이 더 이상 자신만의 두려움에 옭아매이지 않았을 때 생겨납니다. 두려움의 지배를 받는 한 이런 신뢰감을 체험할 수 없습니다. 제가 말하는 이 신뢰감이란 또 사랑의 한 모습이기도 합니다. 여러분이 누군가 혹은 무언가를 사랑할 때의 그 사랑이 아니라, 아예 여러분이 사랑이 된다는 말입니다. 보통 우리가 기르는 강아지나 친구에게 사랑을 느끼면 마음속에 '녹아듦'이 일어나는 것이 느껴집니다. 이럴 때 여러분은 어떤 특별한 대상 없이도 스스로 사랑이 됨을 느낄 것입니다.

　　그러다 얼마 지나지 않아 자기만의 두려움을 불러들이고 싶어질지 모릅니다. 어쩌면 이미 자신의 두려움을 의식하는지도 모룹니다. 두려움이란 두려움은 모두 불러들이십시오. 그것들을 억누르지 마십시오. 여러분이 의식하는 여러 모습의 두려움이 있고, 또 여러분이 알아차리지 못하는 두려움도 많습니다. 한평생을 지배해 온 감춰진 느낌이 있을지도 모릅니다. 그동안 죽 내적 장애가 되어 온 느낌, 여러분의 내면이 성장하지 못하게 뒤로 잡아당기며 좀 더 사랑을 베푸는 행복한 사람이 되지 못하게 붙드는 감춰진 느낌도 있을 겁니다. 이런 두려움을 모두 인정하십시오. 이렇게만 하면 됩니다. 자기만의 두려움을 인정하십시오. 아마 그 두려움들 중 많은 것에 이름을 붙일 수 있을 것입니다. 하지만 어떻게 이름 붙여야 할지 모르는 두려움들도 죽 있을 것입니다. 어쩌면 자신의 두려움 목록 전체에 이름을 붙일 수도 있습니다. 어떤 두려움은 실제로 말로 표현하면 우스꽝스럽기도 합니다. 어떤 것, 예컨대 죽음에 대한 두려움은 꽤나 무시무시할 수도 있습니다. 여러분 몸속에서도 두려움을 느낄 수 있습니다. 심지어 그런 두려움들의 정체를 제대로 파악하지 못할 수도 있습니다.

최근에 저는 오랜 친구와 얘기를 나누었습니다. 우리는 불교 가르침 전체를 길道로 종합해 보려고 했습니다. 결국 불교의 가르침이란 자신의 한계를 알아차리는 것 그리고 사랑하는 법을 배우는 것이라는 결론이 나왔습니다. 아주 단순하게 말하자면, 불교의 가르침은 이게 다입니다. 이것을 기억한다면 여러분은 불교 서적을 더 사지 않아도 됩니다. 다시 한번 말하겠습니다. 불교의 가르침이란 자신의 한계를 알아차리고 그다음에는 사랑하는 법을 배우는 것이라고. 자신의 한계를 알아차린다 함은 자신의 두려움을 알아차리는 것입니다. 두려움을 거부하거나 초월할 필요는 없습니다. 그저 두려움을 인정하고 그 증인이 되기만 하면 됩니다.

여러분이 자신의 두려움을 증인으로서 지켜볼 수 있을 때, 마음속에 이처럼 스스로 머물 수 있는 흔들림 없는 터전이 자리 잡았음을 느끼게 됩니다. 이 터전은 때로는 신체적인 것일 수도 있고 때로는 마음 상태나 의식 상태일 수도 있습니다. 탄트라불교 스승들은 그것을 '본래의 성채'라 부릅니다. 이러한 의식 상태에서는 스스로의 두려움에 지배받지 않습니다. 일단 자신의 두려움을 지켜보면, 두려움은 여러분에게 힘을 발휘할 수 없습니다. 두려움은 여러분을 장악하는 힘을 잃기 시작합니다. 머지않아 두려움이 여러분의 이웃이 됩니다. 여러분은 두려움과 함께 춤을 출 수도 있습니다. 때에 따라서는 두려움이 여러분과 한편이 되고 여러분의 친구나 일부분이 되기도 합니다. 여러분의 신경증이 여러분의 지성이 되는 것입니다. 두려움이 여러분을 지배할 때 그것은 하나의 신경증이 됩니다. 두려움이 여러분을 장악하는 힘을 잃으면 그것은 지성이 됩니다. 여러분의 생존에 도움이 됩니다. 이 삶에서 길을 찾는 데도 도움이 됩니다. 일들을 잘 해결해 나가는 데도 도움이 됩니다.

　두려움은 지성의 한 모습이 될 수도 있습니다. 두려움이 없
다면 우리는 결코 살아남을 수 없을 터입니다. 만약 두려움이 없
다면 우리는 낭떠러지 위를 걷거나 독약을 마시거나 불 속에 뛰
어들지도 모릅니다. 그러니 두려움은 지성의 한 형태이지 없애야
할 대상이 아닙니다. 더 이상 두려움의 지배를 받지 않으면 마침
내 여러분은 사랑할 줄 알게 될 것입니다. 즉 녹아들기 시작할 수
있습니다. 굳이 행복을 찾아 나서지 않아도 됩니다. 그 무엇도 찾
아 나설 필요가 없습니다. 행복의 비밀은, 찾는다고 찾아지지 않습
니다. 행복을 찾아다녀 뭔가 찾아냈다고 하면 그건 진정한 행복이
아닙니다. 그저 심리적 위안일 뿐입니다. 여러분이 심리적 위안을
찾아다닐 수는 있지만, 진정한 행복은 찾아다닌다고 얻어지는 것
이 아닙니다. 진정한 행복은 사랑하고 녹아들고 두려움의 손아귀
를 벗어나는 데서 생겨나는 것입니다.

제2장

'나'는 누구인가?

무아無我에 관한 통찰

자신에 대한 그릇된 생각,

마음속 환상, 거짓말을 깨닫고

그에 대한 집착을 내려놓으십시오.

그러면 슬픔, 죄책감, 비참함이

단번에 훌훌 떠나 버리는

놀라운 자유를 체험하게 될 것입니다.

세상은 과학을 마치 현실의 많은 측면을 장악하는 궁극의 권위라도 되는 듯이 끌어안고 있습니다. 사람들은 심지어 언젠가 과학이 알려지지 않은 수수께끼 같은 문제들을 해결해 줄 거라고 기대합니다. 그 수수께끼 같은 영역은 지금까지 오직 정신성 spirituality의 영역이었습니다. 지난 몇십 년 동안 과학과 정신성을 통합하려는 움직임이 있어 왔습니다. 처음에 저는 그 생각에 매우 강한 저항을 느꼈습니다. 그런 통합이 정신성을 희석시킬 것이라고 생각한 것이지요. 그것이 저의 입장이었습니다. 그러다 마음을 바꾸게 되었고, 지금은 이러한 새로운 움직임을 강력히 지지하며 아마 앞으로 나아가야 할 유일한 길이 이것이리라 생각합니다. 이처럼 과학과 정신성이 통합되면 우리가 직면한 많은 문제를 해결

할 수 있을 것입니다. 어쩌면 이것이 진실, 지성, 윤리, 정신성, 이런 것에 대한 공감의 토대를 제공해 줄지도 모릅니다.

놀랍게도 수천 년 전 붓다가 설파했던 많은 것이 매우 과학적인 것으로 판명되었습니다. 얼마 전에 누군가가 내게 말하기를, 오래된 불교의 '무아無我'설을 과학이 옳은 것으로 입증하고 있다고 하더군요. 이는 좋은 소식이지요. 특히 '노 셀프No Self'가 그동안 저의 전매특허였던 셈이니 제게 좋은 소식이겠죠. 저는 수년간 이 주제에 관해 설법해 왔습니다. 심지어 '노 셀프'에 대한 책도 냈습니다 『No self, no problem』 한국에서는 『티베트 스님의 노 프라블럼』으로 출간됨. 이제 과학자들이 무아가 진실임을 증명하고 있다는 사실을 알아서 정말 행복합니다.

여러 해 전에 저는 텍사스 주의 어느 곳에 주말 명상 집중수행을 지도하러 갔습니다. 집중수행을 마치자 누군가 저를 공항까지 태워 주었는데, 작별인사 전에 그분이 말했습니다. "제가 조언해드릴 것이 있습니다. 미국인들에게 자아가 없다는 말씀은 다시는 하지 마십시오." 저에게는 정말 낭패스러운 소식이었지요. 그것 말고는 달리 가르칠 거리를 알지 못했으니까요. 이건 마치 의사더러 의학을 활용해 아무것도 하지 말라거나, 석공에게 더 이상 돌을 건드리지도 말라는 소리나 마찬가지니까요. 무아는 붓다가 발견한 진실이며, 붓다의 편향된 시각에 근거한 것이 아니라 만물의 참본성을 궁구하고 깊이 성찰한 긴 여정을 통해 발견한 것입니다.

물론 무아란 '노 셀프'보다 좀 더 나아간 그 무엇이긴 하지요. 이 말을 글자 그대로 이해해서는 안 됩니다. 주위를 둘러보면 정말 자아가 있다는 뚜렷한 증거가 너무 많습니다. 그래서 '무아(산스크리트로 아나타anatta)'라는 개념은 자아가 있다는 것을 직접 거부하거나 부정하는 것이 아닙니다. 자기만으로 성립하는, 개별적 자아가 없음을 지적하는 것입니다. 이런 이야기가 매우 철학적으로 들릴 줄 압니다. 이런 생각이 그다지 쓸모 있거나 일상생활에 직결되지는 않는다고 볼 수도 있습니다. 여러분의 감정적 어려움을 극복하는 데 도움이 되지 않는다고 볼 수도 있습니다. 자애를 키워 가거나 조건 없는 행복을 찾는 데 도움이 되지 않는다고 생각할 수도 있습니다. 그렇지만 이 지혜, 이 진실은 여러분이 그리도 간절히 원하는 모든 것을 찾을 수 있는 근원입니다. 이것은 사실입니다.

티베트불교 전통에서는 종종 이른바 '고바go ba'와 '톡빠rtogs pa', 즉 지적인 이해와 직접적 깨달음 혹은 직접 체험을 미세하게 구분합니다. 지적인 이해도 멋지고 놀라운 것이지만 거기에는 한계가 있다고 말합니다. 지적인 이해는 여러분의 의식 속에 전환을 가져올 힘이 없는 반면, 직접적 깨달음은 그런 힘이 있습니다. 여러분의 의식을 바꾸어 놓는 힘이 있다는 말입니다. 이런 점에서 우리는 '무아'의 직접 체험을 얘기합니다. 물론 여러분이 무아에 관한 경전이나 책을 무척 많이 읽었을 수 있습니다. 심지어 이러한 설법 녹음을 들을 수도 있습니다. 그래서 마침내 무아를 상당히 인상적으로, 정확히 머리로 이해했을 수 있습니다. 심지어 이를 주제로 박사학위를 받을 수도 있습니다. 하지만 그러면서도 머리로 이해한 바가 여러분의 의식을 전환하지 못한다는 것을 발견할 수도 있습니다.

　저는 티베트에서 자라 붓다의 가르침만이 아니라 점성술과 시도 배웠습니다. 저는 인도에서 유래한 티베트의 전통 시를 좋아했습니다. 시를 공부할 때 우리는 시를 많이 썼고, 대양에 대한 글도 많이 읽었습니다. 인도의 불교 시에서 큰 바다는 가장 자주 등장하는 은유였습니다. 티베트에는 바다가 없어서 바다를 본 적이 없었지만 저 역시 대양을 찬양하는 시를 많이 썼습니다. 심지어 바다와 이렇게 점점 친해지다 보니 언젠가는 바다를 볼 기회가 있기를 바라기까지 했습니다. 여러 해가 지나 드디어 대양을 볼 뿐만 아니라 바닷가를 거닐 기회를 얻었습니다. 난생 처음으로 걸어 본 바닷가가 샌프란시스코 근처 바다였습니다. 바닷가를 걷게 된다는 소리를 들은 그날 아침, 가슴이 쿵쿵 뛰고 흥분으로 가득 찼습니다. 왜냐하면 저는 대양을 열심히 찬양하고 그런 시도 많이 썼기 때문입니다. 그런데 막상 바다에 도착하자, 더럭 겁이 났습니다. 바다가 아주 무서웠습니다. 언제 이 자리를 뜰 수 있을까, 그 순간만 기다렸습니다. 그 이유는 제가 바다에 대해 가졌던 지식이 오직 머리로 이해한 것이었기 때문입니다.

　과학적으로 볼 때, 무아의 지혜는 완전히 이치에 맞습니다. 여러분 안에 그 자체로서 성립하는 독립된 자아는 없다는 얘기입니다. 여러분이 내면을 들여다보고 어떤 하나의 실체, 자아라고 부를 만한 어떤 하나의 실체, 티끌만 한 흔적이라도 찾아내려고 한다면 결국 아무것도 찾지 못할 것입니다. 이 개별적 자아를 머리끝에서 발끝까지 샅샅이 찾아보아도 결국 아무것도 찾아내지 못할 것입니다. 몸에서 찾아도, 마음과 의식에서 찾아도, 안팎으로 찾아도 마찬가지입니다. 여전히 빈손인 채 '자아'라고 부를 만한 것은 단 하나도 찾지 못할 것입니다. "이것이 나다. 이것이 나의 개별적 자아다"라고 말할 수 없을 것입니다. 여러분의 심장도 개별적 자아가 아니고, 내장도 개별적 자아가 아님을 알게 될 것입니다. 여러분의 허파, 머리, 안구도 개별적 자아가 아닙니다. 여러분의 의식도 개별적 자아가 아닙니다. 그러다 보면 여러분의 정신조차 개별적 자아가 아님을 알게 될 것입니다. 많은 샤머니즘 문화가 정령을 믿습니다. 제 가족도 모두 정령을 믿습니다. 그리고 서구 세계에도 정령의 존재를 믿는 사람이 많다고 들었습니다. 혹 정령이 있을지도 모르지만, 있다 해도 그것이 여러분의 개별적

여러분의 허파, 머리, 안구도

개별적 자아는 아닙니다.

여러분의 의식도

개별적 자아가 아닙니다.

그러다 보면 여러분의 정신조차

개별적 자아가 아님을 알게 될 것입니다.

자아는 아닙니다. 여러분의 의식과 몸이 개별적 자아가 아니듯 여러분의 정신도 개별적 자아는 아닙니다. 여러분의 영혼 또한 여러분의 개별적 자아는 아닙니다.

얼마 전에 한 불교 신자가 저에게 묻기를, 어떻게 하면 '소울메이트'를 찾을 수 있겠느냐고 하더군요. 불자에게 '영혼의 짝' 같은 것은 없다고 저는 말해 주었습니다. 소울메이트를 찾으려 하다니 그리스도교 신자가 된 모양이라고 했습니다. 불교에는 '영혼'이라는 것이 없습니다. 붓다는 영혼의 존재를 배격하고 부정했습니다. 영혼이라는 것이 설령 있다 하더라도 그것이 개별적 자아는 아닙니다. 그러니 여러분이나 저나 마찬가지로 이 생각, 감정, 정신, 인식, 성스러운 몸, 살, 뼈, 피, 습관—업의 습관과 마음의 습관—들의 놀라운 덩어리인 것입니다.

제가 속한 계보저자는 티베트불교의 닝마빠에서 오랫동안 수행했음에서는 스승이 제자에게 과제를 줍니다. 이 과제는 일종의 질문인데요. 전통적으로 꼭 던지는 질문이 있습니다. 제자는 이 과제를 받으면 한 주나 몇 달간 이를 풀어야 합니다. 과제로 던진 그 질문이란 몸의 각 부분을 다 훑으며 자기만의 자아를 찾아보는 것입니다. 참 철저한 탐구죠! 스승이 돌아다니며 제자들에게 각자의 이름을 큰 소리로 외치라 하고 그다음에 만나 묻습니다. "말해 보라. 무엇을 찾았는가?" 만약 자아라 할 만한 것을 찾았다고 말하면 스승은 그를 그대로 되돌려 보낼 겁니다. 그러면 또 한 주나 한 달 동안 다시 그 숙제, 자아 찾기를 해야 합니다. 만일 "저는 자아라 할 만한 것을 찾을 수 없습니다"라고 답하면, 숙제를 마치게 됩니다. 그것이 정답이니까요.

앞서 말했지만 이제 과학자들도 개별적 자아란 없다고 말합니다. 그래서 저는 기쁩니다. 그러니까 이론적으로 과학적으로 이 '무아'라는 개념은 말이 됩니다. 그러나 아직도 그저 또 다른 하나의 생각, 합리적인 생각일 따름입니다. 문제는 우리가 어떻게 이 생각을 생생한 알아차림으로, 살아 있는 통찰, 숨 쉬는 통찰로 살려 내어 참된 전환을 체험할 수 있는가 하는 것입니다. 저는 여러분에게 쉬라고, 쉬면서 바로 지금 이 순간에 여러분의 자아를 상상해 보라고 말하겠습니다. 자기라고 생각되는 누군가가 이미 의식 속에 떠오르는 것을 느낄 수 있습니까? 머릿속에 떠오르는 그 사람은 여러분의 진정한 모습이 아닙니다. 그것은 마음속에 그린 여러분의 이미지입니다. 멋지다, 좋다, 아름답다, 못생겼다, 지적이다, 사랑스럽다, 나쁘다 등등 여러분 자신의 마음속에는 온갖 인식이 있을 것입니다. 이것이 자신의 마음속 이미지라는 것을 지금 당장 인정할 수 있습니까? 우리는 이러한 자신의 마음속 이미지를 믿어 왔고, 이 마음속 이미지가 우리의 참모습임을 결코 의심해 본 적이 없습니다. 때로 이러한 마음속 이미지는 매우 왜곡

되어 우리는 우리가 누군지에 대해 온전하게 알지 못하고 부정적으로 인식하는 지경에까지 이릅니다. 바로 이 지점에서 자기혐오나 자기증오 같은 심각한 심리적 병리 현상이 가끔 나타납니다.

저는 세계 곳곳에서 자기혐오의 마음과 고통을 남몰래 품고 사는 사람을 많이 만났습니다. 사람들이 겪는 고통의 많은 부분이 우리가 누구인지에 대한 그릇된 생각에 매달리는 데서 옵니다. 만약 여러분이 고통받고 있다면, 저는 즉시 말할 것입니다. 여러분이 겪는 고통의 95퍼센트는 자신에 대한 그릇된 생각을 꽉 붙잡는 데서 기인한다고 말이죠. 우리 삶에 실제로 고통이 있다는 건 의심할 여지가 없습니다. 우리는 자신에 대한 잘못된 개념을 꽉 쥐고 있습니다. 그래서 괴로워하고 고통스러워합니다. 우리의 여행길, 즉 우리의 참본성을 깨닫기 위해 걸어가는 길―무어라 형언할 수 없으며 이름 붙일 수도 없는 길―에서 이것은 걸림돌이 됩니다. 기억하십시오. 여러분은 결국 이름이 없습니다. 지금 여러분이 자신에 대해 갖는 모든 생각이 완전히 틀렸다는 얘기를 하는 것입니다. 자신에 대한 모든 생각이 완전히 오해라는 것을 여러분에게 직접 말하는 겁니다. 저는 여러분에게 아무것도 지적할 필요가 없습니다. 여러분의 참본성이나 본모습을 지적해 줄 필요도 없습니다. 만약 여러분의 본모습을 지적해 줄 사람을 찾고 싶다면, 선禪 수행자를 찾으십시오. 선 수행자가 할 일이 바로 그것이니까요. 선불교 수행자들은 여러분의 본모습, 여러분의 불성 佛性을 아주 능숙하게 지적할 수 있습니다.

　　오늘 저는 여러분이나 저 자신에게 아무것도 지적할 수 없습니다. 제가 할 수 있는 것 단 한 가지는 여러분 마음속의 환상, 그릇됨을 드러내 보이는 일입니다. 저는 여러분이 누구라는 생각, 개념의 헛됨을 드러내 보여 주고 있습니다. 제가 해야 할 일은 이게 전부입니다. 그래서 저는 여기서 여러분 의식 속의 거짓말, 환상, 그릇됨을 찾고 증언하는 것입니다. 여러분에게 깨어나라고, 자각하라고, 꽉 붙잡는 짓을 놓아 버리라고 하는 것입니다. 여러분 자신에 대한 이 모든 그릇된 개념을 자기와 동일시하는 짓을 그만두라고 하는 것입니다. 그렇게 할 수 있을 때, 여러분의 죄의식은 많이 스러져 버리고 수치스러움이 문득 없어질 것입니다. 이 모든 고통이 단번에 훌훌 떠나 버리는 놀라운 자유도 체험하게 될 것입니다. 이제 여러분은 붓다의 모든 가르침의 핵심을 압니다. 붓다가 한 설법 하나하나의 핵심을 압니다. 여러분이 금생에 무아의 진리를 들을 수 있다는 것, 이것이 무엇보다 놀라운 진실입니다. 이 진실을 사랑하도록 노력하십시오. 거기에 주의를 돌리려고 해 보십시오. 사람을 해방시키는 이 진실을 깨닫는 데 시간과 정력, 열성, 노력을 바치고 싶어질 것입니다. 동양에서는 명상하는 사람들을 많이 보게 됩니다. 10년간 혹은 심지어 그보다 훨씬 더 오래 명상을 해 온 사람들도 있습니다. 그들이 하려고 애쓰는 것은 지적인 이해로부터 직접 체험으로의 전환을 몸소 겪는 일입니다. 어떤 사람들은 이런 전환이 오는 데 몇 년이 걸립니다. 어떤 사람들은 전혀 시간을 들이지 않고 단박에 체험합니다.

정신적인 것을 추구하는 사람과 그저 정신적인 사람은 차이가 있습니다. 여러분은 정신적인 동시에 매우 관습적인 사람일 수 있습니다. 관습적인 동시에 정신적인 사람도 많고 관습적인 불교도도 많습니다. 관습적인 불교도는 400만~500만 명이나 됩니다. 그들이 무엇을 하는지 알고 있습니까? 불교 행사에 갑니다. 수백 수천 명이 모이는데 모두 다 불교도입니다. 보통 이런 행사에 가서 그들은 신화, 낭만적인 신화를 이것저것 주워 모읍니다. 다들 똑같은 얘기를 하고, 똑같은 대상을 숭배합니다. 그러니까 여러분은 관습적 불교도가 될 수도 있고, 관습적이면서 정신적인 존재가 될 수도 있습니다. 하지만 진정한 구도자, 참으로 정신적인 것을 추구하는 사람이 되고 싶다면 그때는 이 근본적 물음을 삶 속에 끌어들여야 합니다. 정말 근본적인 이 물음은 궁극적 의미에서 내가 누구인지를 묻는 것입니다. 일단 이 근본적 물음을 삶 속에 불러들였다면, 조만간 여러분은 자기 자신에 대한 인식이 틀렸음을 자각하게 될 것입니다. 그와 함께 여러분의 고통도 많은 부분 없어지게 될 것입니다. 이는 좋은 소식입니다. 여러분은 고통의 대부분을 잃게 될 것입니다. 슬픔, 죄책감, 수치심의 대부분도 잃게 될 것입니다.

　이 그릇됨을 보내 버리는 방법이 또 하나 있습니다. 베푸는 일입니다. 지금 당장 베풀 수 있습니다. 진실을 찾느라 정말로 시간과 노력을 들이는 것을 빼놓고 선택의 여지가 별로 없습니다. 왜 선택지가 많이 없는지 알려드리지요. 첫째는, 부디 진실을 찾으라고 제가 여러분에게 부탁하기 때문입니다. 다음으로, 과학자들도 이것이 진실이라고 말하기 때문입니다. 그러니 선택의 여지가 어디 있겠습니까? 많지 않습니다. 일단 과학자들이 개입하면, 여러분이 선택할 여지는 별로 없습니다. 과학자들이 지구는 둥글다고 말했을 때, 물론 이 생각에 저항하면서 지구의 평평함을 증명하려는 사람이 많았습니다. 그러나 오늘날 사람들이 결국 지구가 둥글다고 믿게 되지 않았습니까. 바로 그겁니다. 머지않아 여러분에게는 개별적인 자아가 있다는 이 환상을 놓아 버리는 것밖에는 다른 선택이 없게 될 것입니다. 만약 제 말이 믿기지 않는다면, 다음에 제가 과학자 여럿을 이 자리에 모시죠. 우리는 함께 여러분의 개별적 자아라는 것이 그릇된 것임을 보여드리겠습니다. 그러면 더 이상 선택의 여지가 없겠지요. 가장 수준 높은 기쁨과 행복은 개별적 자아에 대한 집착을 놓는 데서 옵니다.

제3장

평범한 것들에
바치는 찬가

있는 그대로 알아차리는 기쁨

붓다는 말했습니다.

숨을 들이쉴 때는

숨을 들이쉰다고 알아차려라.

걸을 때는 걷는다고 알아차려라.

당신이 하는 일을 온전히 알아차리면

만물의 거룩함을 느낄 수 있습니다.

세상에는 여러 형태의 고통이 있습니다. 그중 어떤 것은 위기의 모습을 띨 때 피부로 생생히 느껴집니다. 그런가 하면 상당히 미묘한 고통도 있습니다. 고통은 우리의 일상생활을 꿰뚫는 현상이 될 수도 있습니다. 고통이 늘 사람살이의 일부라는 것, 이러한 인간의 상황을 붓다는 아주 잘 알고 있었습니다. 또 대개의 경우 사람들은 자기가 고통받고 있다는 사실조차 알아차리지 못한다는 것도 깨달았습니다. 그래서 처음에는 제자들 모두에게 절대적인 것, 신적인 것이 아니라 인간의 고통, 개별적 고통과 집단적 고통에 대해 명상하라고 권했습니다. 붓다 시대에는 이것이 혁명적인 일이었습니다. 왜냐하면 그때까지 정신 수행이란 거룩하고 신적인 차원, 더없는 진리 같은 것과 혼연일체가 되는 것이었으니까요. 이 용감한 알아차림, 즉 집단적이고 개인적인 고통에 대한 알아차림을 불러들이지 않는 한 내적으로 성장할 수 없으며 참된 평화를 누릴 수 없다는 것을 붓다는 느꼈습니다. 그의 길은 히말라야 산중 동굴에 은둔하며 가짜 위안을 주는 사이비 정신성에 빠져들어 양식만 축내는 것이 아니었습니다. 그의 길은 이 세상에 뛰어들어 인간의 참상―병, 불의, 가난, 마음의 위기―이 도처에 만연함을 증언하는 일이었습니다. 또 누구든 내면으로 들어가 자신만의 개인적 고통에 대해 명상하고 그 근본 원인을 찾아내라고도 했습니다.

'정신적으로 깨어난다'고 하는 생각은 동양의 많은 대표적 전통에서 일반적인 것입니다. 오늘날 비록 정신적 깨어남이 무엇인지 뚜렷이 알지 못하더라도 그에 대한 집단적 갈망이 있다는 것은 여러분도 알 것입니다. 이러한 정신적 깨어남은 '깨달음'이라는 말로 불리곤 했습니다. 물론 여러분은 이 정신적 깨어남이라는 생각을 이렇게 저렇게 갖고 놀 수 있습니다. 이 말은 듣기엔 참 좋습니다. 하지만 동시에 이 내면의 깨어남이 반드시 거쳐야 하는 과정은 마냥 편하지 않습니다. 여러분의 조건화된 마음의 바탕을 완전히 흔들어야 하기 때문입니다. 자신의 마음을 기꺼이 흔들겠다는 자세가 없이는 깨어날 수 없습니다. 여러분이 잠들었을 때 때로 누가 흔들어야 깨어나는 것과 마찬가지입니다. 마음이 그

깊은 조건화의 한계와 그 모든 습관에서 깨어나려면 흔들림을 당해야 합니다. 마음이 깨어날 때 마음은 모든 것을 알아차리게 됩니다. 마음은 자연히 여러분의 고통을 알아차리게 됩니다. 마음은 여러분에 관한 많은 것을 알아차리게 됩니다. 여러분이 고통받고 있다는 사실도 알아차리게 됩니다. 마음은 여러분이 아주 오랫동안 가짜 성역에 의지해 왔다는 사실을 알아차리게 됩니다. 언제 꺼져 버릴지 모르는 멋진 거품 속에서 살아왔다는 사실을 알아차리게 됩니다. 온갖 형태의 안전이라는 것이 단지 헛되고 멋진 거품의 다른 형태일 뿐이라고 자신있게 말할 수 있게 됩니다. 여러분이 안락이나 영광의 근원으로, 아니면 삶을 좌지우지할 수 있음을 증명하기 위해 무엇에 의지하건 그것은 단지 멋진 거품일 뿐입니다. 또 여러분이 실제 존재한다는 것마저도 또 하나의 거품이라는 것을 자각하게 될지도 모릅니다. 여러분의 실존은 정말 아름답지만 동시에 매우 취약합니다. 언제라도 무너질 수 있습니다.

티베트의 사원에서 해마다 하안거 때면 외우던 게송이 있습니다. 붓다가 직접 한 말씀이라고 생각됩니다. 이 게송을 들으면 스스로의 삶을 깊이 살피게 됩니다. 조건화된 마음의 관점에서가 아니라, 용기 있고 명철한 알아차림의 관점에서 그렇게 하게 됩니다. 이 게송은 이 삶을 이슬처럼 보아야 한다고 말합니다. 풀잎 끝에 맺힌 이슬방울을 생각해 보십시오. 얼마나 영롱합니까. 여러분이 솜씨 좋은 사진가라면 카메라 렌즈의 초점을 이른 아침 풀잎에 맺힌 그 작은 이슬방울에 맞춰 사진을 찍겠지요. 그러면 정말 멋진 사진이 될 것입니다. 여러분은 한순간 그 이슬의 영원한 아름다움을 포착합니다. 그런데 다음 순간 그건 이미 사라지고 없을 것입니다. 우리 삶도 그 이슬과 마찬가지로 정말 기막히게 아름다우면서도 취약한 것입니다.

그러니 마음도 그 안락함의 경계와 모든 습관으로부터 통째로 흔들릴 때 모든 것을 알아차리게 됩니다. 우리는 자신이 존재한다는 것의 취약한 실상을 알아차리게 됩니다. 또 우리 몸속에서, 심장 속에서, 마음속에서 무슨 일이 일어나는지 알아차리게 됩니다. 우리는 그간 가슴속에 꽉 억눌러 온 고통을 비로소 느끼기 시작할 것입니다. 아니면 예전에 잊었던 진통을 몸속 어딘가에서 알아차리게 될지도 모릅니다. 혹은 예전에는 낯설던 의식 속 어딘가의 덮개나 아무것도 안 보이는 상태를 알아차릴지도 모릅니다.

고통에는 여러 형태가 있지만, 수많은 사람이 맞닥뜨리는 고통의 보편적 형태 중 하나는 내면의 깊은 공허감입니다. 우리는 모두 이런 공허감이 있습니다. 우리 각자의 내면에는 결핍이 있습니다. 스스로 그것을 완전히 느끼게 하면 매우 괴로워집니다. 그래서 우리는 쓸 수 있는 수단은 뭐든 써서 그런 알아차림을 차단하려고 애씁니다. 초콜릿이나 커피, 사탕, 술 등을 먹습니다. 동원할 수 있는 수단은 많습니다. 이런저런 여흥이나 오락에 빠질 수 있습니다. 영화를 볼 수 있습니다. 파티에 갈 수 있습니다. 속으로 끝없이 혼잣말을 할 수도 있습니다. 이런 것은 일종의 정신적 잡담입니다. 맛있는 음식도 없고 파티가 없어도 최소한 우리는 정신적 잡담으로 마음에 즐길거리를 댈 수 있습니다. 자기 마음을 상대로 수다를 떨어 스스로를 완전히 산만하게 유지하는 것입니다. 우리가 이 생에서 만들어 낼 수 있는 멋진 환상이 무척 많습니다. 성취한다는 것, 안전하다는 것, 이런 류의 그럴 듯한 거품들 말입니다. 한재산 모아서 어쨌든 인생에서 성공하고 꿈을 모두 이루었다고 자족할 수도 있습니다. 그런 것 모두 멋진 환상일 뿐, 그 자체로서 전혀 구체성이 없습니다. 마치 공중에 쌓은 성과 같아서 언제 와르르 무너질지 모릅니다. 하지만 어쨌든 우리는 이처럼 내면적 공허감을 느끼며, 그러기에 늘 무언가를 찾아다니는 것입니다. 우정, 사랑, 성취를 찾아다닙니다. 우리는 언제나 뭔가를 찾습니다. 우리 마음은 항상 이 채울 수 없는 갈망으로 가득 차 있습니다.

최근에 제가 들은 바로는, 이 나라미국의 많은 사람이 내면의 공허감을 느낀답니다. 그들은 살면서 친구가 별로 없다고 느낀다는데, 이건 어떻게 보면 더없이 역설적인 얘기입니다. 왜냐하면 소셜 미디어로 한순간에 수천 명과 연결될 수 있는데, 이건 정말 놀라운 일이니까요. 그런데도 친구가 별로 없다고 느끼는 사람이 많다는 것입니다. 그러니까 사람들은 진정한 친구를 찾고 있습니다. 사랑을 찾고 있습니다. 물질적으로 더, 더 많이 소유하고 싶어 합니다. 믿을 수 없을 만큼 큰 재산을 모았는데도 여전히 채워지지 않는 갈망을 느끼기도 합니다. 사람들은 좀 더 필요하다고 느낍니다. 그러니 대개는 현 시대에 직면하는 많은 고통이 이러한 내면의 공허에서 오는 것입니다. 이처럼 내면적 공허의 고통은 너무나도 압도적이어서 때로는 사람을 중독자가 되게끔 몰아붙이기도 합니다. 사람들은 고통에 무감각해지려고 무언가에 중독됩니다. 고통을 느끼지 않기 위해 온갖 것을 씁니다. 일에도 중독될 수 있고, 쇼핑에도 중독될 수 있습니다.

　내면적 깨어남의 첫 단계는 마음 안으로 들어가서 가슴속에 숨겨진 모든 것―고통, 외로움, 내면이 풍성하지 못해 텅 빈 괴로움―을 느끼는 것입니다. 그러다 보면 곧 이 마음속 공허감이 만물에 스며 있고 온 우주에 스민 아름다운 진리를 알아차리지 못하는 데서 온다는 것을 자각하게 될 것입니다. 이 진리는 모든 것에 스민 신성함입니다. 우리는 신성함을 잃고 있습니다. 21세기의 가장 큰 비극 중 하나는 우리가 이 신성함이라는 진리와 이어짐을 상실했다는 것입니다. 물론 21세기에 대해 칭찬할 좋은 것도 많습니다. 현대에는 수많은 경이로운 발전이 있었습니다. 믿을 수 없을 만큼 놀라운 기술적 혁신과 질병을 치료하는 의약품들이 생겨났습니다. 그러니 지금 이 시대에 이루어진 업적들은 칭송할 만한 부분이 많습니다. 그러나 정신적 위기가 나타났습니다. 그것은 이 진리, 즉 모든 것이 신성하다는 만물에 스민 진리와의 연결을 잃고 있다는 것입니다.

신성함이란 어떤 믿음 체계가 아닙니다. 시간을 초월한 진리입니다. 신성함이란 하늘의 구름처럼 언제나 거기 있습니다. 산에서 자라나는 나무처럼, 신성함은 늘 거기에 있습니다. 이 삶의 일부입니다. 이 진리와 이어짐을 잃어버린 결과는 때로 상당히 위험할 수 있습니다. 그리고 이러한 이해를 상실하면 우리는 세상과 세상 안팎과 매우 기계적인 관계를 발전시키게 됩니다. 우리 자신과도 그렇고 바깥세상, 자연, 인류 전체와 매우 기계적인 관계를 발전시킵니다. 우리가 이해를 상실하면 인류와 기계적 관계를 이어 나가게 되고 남들에게 사랑을 느낄 줄 모릅니다. 그렇게 되면 사람들은 서로를 대상화합니다.

실제로 사람들을 대상화하는 것은 이 세상의 커다란 습관입니다. 여성들이 대상화되어 왔습니다. 남성들이 대상화되어 왔습니다. 역사를 통틀어 볼 때 여성들이 대상화된 이유는 사람들이 신성한 것에 대한 이해를 상실했고 기계적인 관계를 맺었기 때문입니다. 바로 그래서 탄트라불교를 신봉하는 사람들은 14가지 사마야samaya(성스러운 서약)를 생각해 내기에 이르렀습니다. 이 가운데 마지막, 열네 번째 서약은 마음속으로 여자를 낮추어 보지 않겠다는 것입니다. 여성을 열등한 존재로 여기지 않는 것입니다. 이는 여성을 대상화하지 않는다는 뜻이며, 남성도 마찬가지입니다. 이 서약은 남자든 여자든 사람을 대상화하지 않는 것, 누구든 대상화하지 않고 모든 관계에서 이러한 성스러움을 느낌으로써 남들에게 존경, 사랑, 참된 친절을 느끼는 것입니다.

자연과 기계적인 관계를 맺으면 세상을 정신이 깃들지 않은 한갓 대상으로 보아, 그저 우리가 하고 싶은 대로 자연을 사용하려고 합니다. 이것이 우리 인간이 역사를 통틀어 내내 해 온 짓입니다. 자연을 함부로 이용했으며, 이제 그 결과가 끔찍하다는 것을 눈앞에서 보고 있습니다.

또 우리는 실제로 오랫동안 생명을 가진 개체들과 관계를 맺을 때 신성함을 잃었습니다. 티베트 문화를 포함한 많은 문화권에서 모든 것은 신성합니다. 특히 티베트의 주술사들은 모든 것이 살아 있다고 믿습니다. 무엇이 되었건 모든 것을 정령의 표현으로 생각하는 것이죠. 그들은 나무들도 살아 있다고 느낍니다. 바위와 돌과 강도 살아 있다고 느낍니다. 또 그들은 살아 있는 개체들, 생각할 줄 아는 동물과의 관계에서도 이 신성함을 느낍니다. 많은 토착민 문화에서 사냥꾼들은 짐승을 죽이기 전에 목숨을 뺏어도 될지 허락을 구합니다. 그들은 짐승을 보편적인 정령의 표현으로서 온전히 존중합니다. 그러하기에 만물과의 관계에서, 자연과 생물과의 관계에서 그러한 신성함을 느끼는 것입니다.

어디선가 읽었는데 어느 유명한 티베트 스승이 1960년대에 설법을 하러 서양에 왔을 때 사람들이 그분께 무엇을 가르치느냐고 물었답니다. 그분은 만물의 신성함을 느끼는 법을 가르치겠다고 하더랍니다. 하지만 기억하십시오. 신성함이란 어떤 믿음 체계가 아닙니다. 그러니 전적으로 종교 문제만이 아닌 것입니다. 그것은 심지어 불교적인 얘기도 아닙니다. 불교의 믿음 체계도 힌두교의 믿음 체계도 아닙니다. 무지개가 불교의 믿음 체계라고 말할 수 있습니까? 때때로 바닷가를 거닐면 가는 곳마다 어디든 아름다움이 있다는 것이 느껴집니다. 아름다움이 불교의 믿음 체계다, 아니다 말할 수 있습니까? 이는 불교를 넘어선 것이며 궁극적으로 보면 불교와 아무 관계가 없습니다. 문제는 눈에 보이지 않는 듯하면서도 모든 것에 스민 이 진리에 우리가 감응하고 있음을 어떻게 느낄 수 있는가 하는 것입니다. 우리 자신과의 관계에서나 사람들, 세상, 모든 생명 있는 존재와의 관계에서 이를 어떻게 느낄 수 있는가 하는 것입니다.

이 신성함을 어떻게 하면 느낄 수 있을까 하는 것이 문제입니다. 여러 지혜 전통에 존재하는 의식과 의례의 주된 목적 중 하나는 우리 마음을 흔들어 이 신성함을 느끼게 만드는 것입니다. 의식에는 많은 형태가 있습니다. 선불교 의식도 있고 티베트불교 의식도 있습니다. 표면상으로 그런 의식들은 서로 상당히 다릅니다. 선불교 의식은 매우 미묘하고 은은한 반면 티베트불교 의식은 무척 다채롭습니다. 물론 아무 알아차림 없이 그냥 한다면, 의식이 강요가 될 수 있습니다. 그러나 알아차리면서 하면 의식들은 우리 마음을 흔들어 신성함을 느끼게 하는 강력한 촉매가 될 수 있습니다. 많은 사람이 일상생활에서 신성함을 느낄 수 없는 이유는 바로 이 때문입니다. 사원에나 가야 비로소 신성함을 느끼는 것입니다.

평범한 침묵조차도 하나의 의식으로서, 우리를 쉬게 하고 조건화된 마음에서 한걸음 벗어나게 할 수 있습니다. 그러면 우리는 모든 것에 스민 신성함을 느낄 수 있습니다. 예식이나 의식 올리는 법을 배우기 위해 굳이 선원 같은 곳에 들어가지 않아도 된다는 것입니다. 이것이 진실입니다. 삶은 의례와 의식들로 가득 차 있습니다. 여러분은 모든 것을 의식으로 바꿀 수 있습니다. 풀베기도 신성한 의식이 될 수 있습니다. 차 마시는 일도 의식으로 바꿀 수 있습니다. 촛불 하나를 켜는 것도 의식일 수 있습니다. 숲속 산책도 의식으로 바꿀 수 있습니다. 그래서 티베트 문화에는 차茶처럼 일상의 평범한 것들을 칭송하는 찬가가 많습니다. 그중에도

조건 없는 행복을 얻는 유일한 방법은

이 진리, 미묘하고도 온갖 것에 스민 진리

즉 모든 것의 신성함에 주파수를 맞춰

감응할 줄 아는 것입니다.

그러면 사람들과의 관계가

생생히 살아 있게 되고

존경과 사랑으로 가득 찹니다.

매우 널리 퍼진 찬가가 하나 있습니다. '차 토드cha bstod'라는 찬가입니다. 여기서 '차'는 마시는 차이고 '토드'는 티베트어로 '찬가'라는 뜻입니다. 보통 찬가라면 어떤 신이나 초월적 존재에게 바치는 종교적 노래이기 마련입니다. 그러나 티베트 사람들은 차에도, 평범한 것들에도 찬가를 바칩니다. 여러분은 집 앞에서 자라는 한 그루 나무처럼 평범한 것들에게 바치는 찬가를 쓸 수 있습니다. 언젠가는 카펫이나 베개에 바치는 찬가를 쓸 수도 있습니다. 물론 그것은 여러분이 넋을 잃고 있다는 표시겠지요. 이따금씩 이렇게 넋을 잃어 봐야 깨어날 수 있는 법이지요. 무엇보다도 쉴 줄 알 때, 삶에서 하는 어떤 일도 의식이 될 수 있습니다. 그러므로 쉼 그리고 쉬는 법은 우리가 배워야 할 핵심입니다.

쉬는 법, 이것이 붓다가 가르친 바입니다. 숨을 들이쉴 때는 숨을 들이쉰다고 알아차리라고 붓다는 말했습니다. 이 얼마나 단순합니까. 또 붓다는 말했습니다. 걸을 때는 걷는다고 알아차리라고. 자기가 하는 것을 알아차리게 되는 순간, 쉼이 있는 것입니다. 그 쉼은 여러분이 어떻든 조건화된 마음에서 벗어나 한발 내딛는 일입니다. 조건화된 마음의 끝없는, 쉼이 없는 길을 끊어 버리는 것입니다. 조건화된 마음은 때로 '원숭이 마음' 또 어떤 전통에서는 '윤회의 마음'이라 불립니다. 지금 하는 일을 온전히 알아차리도록 스스로 허하는 순간, 의식 속에 쉼이 자리합니다. 그 쉼 속에서 여러분의 조건화된 마음은 더 이상 작용하지 않습니다. '푹 쉰 거뜬함'이 있을 뿐입니다. 자신을 그런 상태에 있게끔 허용하면 어디에서나 이 신성함을 느낄 것입니다. 어디에서나 이 신성함을 느낄 때, 이를 알아차리는 것이 진정한 약이 됩니다. 오직 이 약만이 지금 거의 전염병 수준으로 퍼진 병을 고칠 수 있습니다. 내면이 공허한 병, 뭔가가 부족하다고 느끼는 병, 풍족하지 못하다거나 내면적으로 완전하지 못하다고 느끼는 병 말입니다. 우리가 참으로 뿌듯함을 느끼는 방법이 이것입니다. 이렇게 하면 마침내 조건 없는 행복을 실감할 수 있습니다.

행복을 성취하는 방법에 대해 많은 이론이 있습니다. 아시다시피 사람들은 행복을 얻는 법에 대한 기술과 이론을 끊임없이 펼칩니다. 조건 없는 행복을 얻는 유일한 방법은 이 진리, 미묘하고도 온갖 것에 스민 진리, 즉 모든 것의 신성함에 주파수를 맞춰 감응할 줄 아는 것입니다. 그러면 사람들과의 관계가 생생히 살아 있게 되고 존경과 사랑으로 가득 차며 더 이상 사람들을 대상화하지 않게 됩니다. 마침내 조건 없는 사랑을 느낄 수 있게 됩니다. 그러면 이 세상이 집처럼 느껴질 것입니다. 비록 가끔씩 불완전한 구석이 많다고는 해도 말입니다. 세상은 그래도 여러분의 집입니다. 여러분은 이 세상을 천당으로 느낄 것입니다. 여러분이 생각했던 그런 천당이 아니라 수많은 불완전함을 지닌 낙원 말입니다.

그러면 자연, 나무와 동물들에게서 앞서 말한 대로 정령이 느껴질 것입니다. 존재하는 만물에 깊은 존중을 느끼고, 마음으로 이어져 있음을 느낄 것입니다. 자신이 현대판 신비주의자임을 알게 될 것입니다. 여러분은 가슴에 사랑이 가득한 신비주의자가 될 것입니다. 평소 끔찍한 조건이라 느끼고 온갖 수단을 궁리해서 몰아내려 애쓰던 공허감이 마침내 신성한 것으로, 본래부터 늘 온전하고 아무 부족함 없던 여러분의 '홀로 있음'으로 가는 입구임이 드러날 것입니다.

제4장

붓다의 사랑

자애와 연민의 눈으로 바라보기

초월적 사랑을 언급하는 목적은

우리의 모든 두려움,

모든 미움을 녹이고

스스로를 꽉 조이는 집착을

느슨히 풀어 버리는 데에 있습니다.

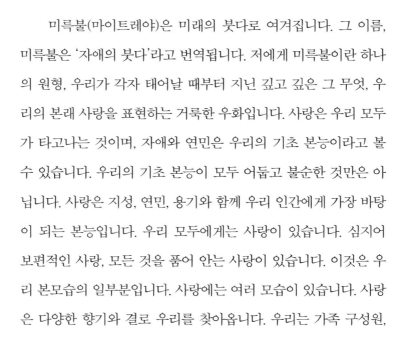

미륵불(마이트레야)은 미래의 붓다로 여겨집니다. 그 이름, 미륵불은 '자애의 붓다'라고 번역됩니다. 저에게 미륵불이란 하나의 원형, 우리가 각자 태어날 때부터 지닌 깊고 깊은 그 무엇, 우리의 본래 사랑을 표현하는 거룩한 우화입니다. 사랑은 우리 모두가 타고나는 것이며, 자애와 연민은 우리의 기초 본능이라고 볼 수 있습니다. 우리의 기초 본능이 모두 어둡고 불순한 것만은 아닙니다. 사랑은 지성, 연민, 용기와 함께 우리 인간에게 가장 바탕이 되는 본능입니다. 우리 모두에게는 사랑이 있습니다. 심지어 보편적인 사랑, 모든 것을 품어 안는 사랑이 있습니다. 이것은 우리 본모습의 일부분입니다. 사랑에는 여러 모습이 있습니다. 사랑은 다양한 향기와 결로 우리를 찾아옵니다. 우리는 가족 구성원,

친구들, 동물들, 자연에 대해 사랑을 체험합니다. 사랑은 판단, 증오, 시기를 뛰어넘는 진정한 느낌입니다. 사랑은 믿음과 친절로써 어떤 한 사람 또는 한 집단을 우리 마음속에 품어 안습니다. 사랑이란 다름 아닌 이 조건 없는 받아들임과 친근함입니다.

우리는 평생 많은 사람에게 사랑을 느낍니다. 자연, 이를테면 아름다운 숲과 장엄한 산을 사랑하는 것은 상당히 쉬운 일입니다. 석양이나 산맥, 큰 강줄기 앞에 서면 우리 마음은 활짝 열립니다. 누구나 자연을 사랑하기는 쉽습니다. 자연을 사랑하려고 일부러 오래 명상을 하거나 정신분석을 받을 필요는 없습니다. 우리 인간은 아주 어릴 때부터 동물이나 자연에 대해 본능적 사랑을 나타내기 시작합니다. 우리는 거의 언제나 동물을 사랑합니다. 집에서 기르는 애완동물을 사랑하기는 쉬우며 물론 그런 동물도 우리를 조건 없이 사랑합니다. 그것들은 종종 우리에게 조건 없는 사랑과 충직함을 보여 주곤 합니다. 이뿐만 아니라 대개는 무척 마음을 끄는 존재이기도 합니다. 어떤 동물은 더욱 더 사랑하기가 쉽습니다. 여러분이 이따금 보는 저 작은 강아지는 너무도 정겹고 귀엽지 않은가요!

하지만 인류에 대한 사랑은 매우 복잡합니다. 우리가 어떤 사람을 사랑할 때, 그 사랑은 상당히 영웅적일 수 있습니다. 그건 아마도 자연이나 다른 것에 대한 사랑보다 훨씬 더 영웅적이거나 깊은 사랑일 겁니다. 진실로 누군가를 사랑하면 자신을 희생할 수도 있습니다. 이렇게 '나 자신이' 없는 큰마음을 갖고 그 마음으로 다른 사람의 고통과 부담을 기꺼이 대신 짊어질 수 있습니다. 그리고 우리의 행복과 영광과 부를 그 사람과 나누겠다고 철석같이 결심할 수 있습니다. 붓다 바로 그분은 항상 모든 살아 있는 것들에게 이런 사랑을 느꼈다고 합니다. 위대하고 깨어 있는 많은 큰스승도 이런 사랑을 느꼈습니다.

그런데 인류를 사랑한다는 것은 무척 어려운 일입니다. 길을 걸어가거나 고속도로를 주행하면서 주변을 한번 보십시오. 확실히 잘 둘러보고 모든 이를 인식해 보십시오. 그 사람들을 사랑할 수 있습니까? 그들에게서 거룩함, 성스러움 혹은 뭔가 마음 끌리는 점을 찾아낼 수 있습니까? 자연이나 동물에게서는 그렇게도 쉽게 찾아지는 아름다움과 성스러움을 사람에게서는 찾기 힘들고 사람에게 마음 열기가 오히려 어렵다는 것을 알게 될 것입니다. 그렇기 때문에 사람을 사랑하는 것보다 동물을 사랑하면서 훨씬 더 느긋하고 편한 시간을 보내는 사람이 많은 것입니다. 성격이 복잡한 인간을 받아들이기란 매우 어려울 수 있습니다. 하지만 우리가 진화할 수 있는 길은 이것뿐입니다. 언젠가 우리는 인류 전체를 사랑할 줄 알아야 합니다. 어느 누구도 제쳐 놓지 않고 사람에게 깃든 매력, 다정함, 소중한 품성을 알아보는 법을 배워야 합니다. 어쩌면 그런 사랑은 불가능하다고 생각할 수 있지만, 그런 사랑은 얼마든지 가능하다는 것이 진실입니다. 마음에 이런 사랑을 지니는 것만이 여러분이 진화할 수 있는 유일한 길입니다. 여러분이 치유, 전환, 진정한 행복을 찾을 수 있는 유일한 길이 그것입니다. 그러니까 미래의 붓다인 미륵불은 그저 하나의 원형일 뿐입니다. 우리는 모두 미래의 붓다입니다. 우리는 모두 미륵불입니다. 미륵불은 이처럼 모든 것을 품어 안는 사랑을 상징합니다.

옛날에 불교 스승 아상가300~390(?), 한역명은 '무착無着'으로, 대승불교의 중요한 해설자로 손꼽힘가 숲속에서 명상을 하고 있었답니다. 머지않아 미륵불의 신성한 현전이 눈앞에 나타나기를 바라면서요. 12년이나 명상을 했지만 아무것도 성취하지 못했습니다. 무려 12년 동안 숲속에서 명상했으나 미륵불의 신성한 현전을 보지 못하자 상당히 실망했습니다. 그는 미륵불을 보겠다는 시도를 단념했습니다. 집으로 가는 도중 길거리에 누워 있는 상처투성이 개를 보고 달려갔습니다. 가엾은 개는 온몸에 구더기투성이였습니다. 그는 개를 도와 개의 몸을 온통 파먹는 구더기들을 치워 주고 싶었습니다. 우선 손으로 구더기들을 털어 내려는데, 그때 문득 그 벌레들에게도 사랑과 연민을 느꼈습니다. 제 손으로 그것들을 죽이기가 두려웠습니다. 그래서 구더기들을 혀로 핥아 내기로 했습니다. 그렇게 하자니 너무 끔찍해서 눈을 뜨고는 도저히 핥을 수가 없었습니다. 그는 눈을 질끈 감고 혀를 내밀었습니다. 그러자 갑자기 상처투성이 개가 사라졌습니다. 눈앞에 미륵불이 보였습니다. 물론 아주 잘 알려진 이 이야기를 말 그대로 받아들일 필요는 없습니다. 이것은 은유로 빗댄 이야기입니다. 여러분이 미륵불이며, 미래의 붓다입니다. 여러분 안에는 모든 것을 품어 안는 사랑이 있습니다. 여러분은 태어날 때부터 그걸 가지고 있습니다. 이것은 여러분의 바탕을 이루는 본능입니다. 그 사랑을 다시 불러일으킬 방법을 찾기만 하면 됩니다.

다시 말하지만 사랑에는 많은 형태가 있습니다. 정신적인 사랑도 있고, 신적인 사랑도 있습니다. 아무 대상이 없는 사랑도 있는데, 이는 매우 강력한 사랑입니다. 이처럼 정신적이고 대상 없는 사랑을 불러일으키는 데 도움을 주는 아름답고 강력한 수행법이 많습니다. 대개 우리의 사랑에는 대상이 있습니다. 그런데 참으로 정신적인 사랑, 신적인 사랑은 대상이 없습니다. 그래서 힌두교 신자들은 종종 박티 요가, 즉 신적인 사랑의 요가를 수련한 것입니다. 여러분은 이러한 정신적 사랑, 관세음보살에 대한 사랑을 느낄 수도 있습니다. 관세음보살은 하나의 대상이 아닙니다. 사실 여러분은 관세음보살을 결코 바깥에서 찾을 수 없을 것입니다. 대승불교와 탄트라불교의 신봉자로서 저는 많은 '사다나 sadhana'를 체험했습니다. 사다나는 힌두교 박티 요가의 불교적 형태를 말합니다. 오랫동안 관세음보살 사다나도 했습니다. 저는 관세음보살에 대한 깊디깊은, 거의 초월적인 수준의 사랑을 느꼈습니다. 오랫동안 관세음보살을 보고 싶어 했습니다. 물론 결국 관세음보살을 찾아내지는 못했습니다. 왜냐하면 관세음보살은 어떤 대상이 아니니까요. 관세음보살을 찾지는 못해도 여전히 사랑하기는 한다면, 그것이 진정 정신적 사랑이며 초월적 사랑입니다. 이처럼 대상 없는 사랑을 느끼기 위해 당장 박티 요가나 탄트라불교 수행을 시작하라는 것이 아닙니다. 제 이야기는 이러한 초월적, 정신적 사랑을 키우고 불러일으키는 전통이 있다는 것입니다. 이것만이 자유로 가는 단 하나의 길이라는 것이 아닙니다. 여러분이 꼭 이러한 정신적 수행 혹은 '사다나'를 해야 한다는 것도 아닙니다.

이러한 초월적 사랑을 들먹이는 목적은 우리의 모든 두려움, 모든 미움을 녹이고 스스로를 꽉 조이는 집착을 느슨히 풀어 버리자는 것입니다. 우리는 이렇게 녹아드는 깊은 느낌을 여러 모습의 사랑을 통해, 정신적 사랑이나 인류에 대한 사랑을 통해 체험할 수 있습니다. 물론 사랑이 오해를 받을 때도 있습니다. 우리가 누군가를 사랑한다고 생각할 때 그것이 순수한 사랑이 아닌 것으로 밝혀지는 경우도 있습니다. 그런 사랑은 종종 우리 자신의 이기적인 동기와 투사投射들과 섞이거나 그런 것들로 오염될 수 있

사랑은 우리 모두가
타고나는 것이며,
자애와 연민은
우리의 기초 본능이라고 볼 수 있습니다.
사랑이란 다름 아닌
조건 없는 받아들임과 친근함입니다.

습니다. 이런 류의 독이 든 사랑은 종종 인간관계에서 찾아볼 수 있습니다. 어린 시절 저는 정신적 스승들께 사랑을 느꼈습니다. 그건 매우 흥미로운 사랑이었습니다. 낭만적 사랑이 아니었습니다. 종족 간의 사랑도 아니었습니다. 친척과 친구들에 대한 사랑은 좀 더 종족적인 사랑이었습니다. 정신적 스승들 몇 분에게 제가 느낀 사랑은 둘도 없는 사랑이었습니다. 거기엔 믿음과 존경이라는 요소들이 있었습니다. 여러모로 저의 사랑은 순수했습니다. 그러나 여러분도 아시다시피, 사랑이란 때로 오용될 수 있는 것입니다. 사랑은 때때로 우리 자신의 신경증으로 오염될 수 있습니다. 옛날에 어느 비구가 붓다를 사랑하게 되었습니다. 그는 붓다가 계신 곳이면 어디든 언제든 나타났습니다. 붓다에게서 눈을 뗄수 없었습니다. 이는 초기불교 경전의 몇몇 경에도 언급된 매우 유명한 일화입니다. 그러다 어느 날 붓다가 그를 내쳤습니다. 그 비구는 완전히 절망에 빠져 버렸습니다. 배척당했다는 느낌과 절망감으로 그는 깨어났습니다. 마침내 그는 깨달음을 얻었습니다. 그는 붓다를 진정으로 사랑했지만 그의 사랑에는 수많은 투사가 섞여 있었던 것입니다.

사랑은 모든 것을 치유합니다. 사랑은 여러분을 깨울 것입니다. 사랑은 여러분의 상처받은 마음을 낫게 하며 미혹된 여러분의 의식을 깨울 것입니다. 인류에 대한 사랑이 결국 단 하나의 참된 사랑입니다. 여러분이 신성한 사랑을 지닐 수도 있습니다. 그러나 인류를 사랑할 줄 모른다면 여러분의 사랑은 불완전합니다. 결국 최고의 사랑은 정신적 사랑도 초월적 사랑도 아닙니다. 관세음보살에 대한 사랑도 아닙니다. 시바 신에 대한 사랑도 아닙니다. 여러분이 찾을 수 있는 최고의 사랑, 여러분을 자유롭게 하고 치유해 줄 사랑은 인류에 대한 사랑입니다. 인류를 사랑하면 모든 것을 사랑할 수 있습니다. 그렇게 된다면 "난 인류를 사랑하지만 무지개를 사랑하는 법은 모르겠어. 아름다운 저녁노을을 사랑하는 법은 모르겠어. 마음 수행 워크숍이나 샤머니즘 의식 같은 것에 참여해야 내 얼어붙은 사랑을 모두 털어 버리고 마침내 아름다운 해변을 사랑할 수 있을 것 같아." 이런 말은 하지 않게 될 것입니다. 일단 인류를 사랑하게 되면 여러분 마음속에는 오직 사랑만 있게 될 것이라고 제가 약속합니다. 인류를 사랑하는 것은 가장 강력한 사랑이지만, 실제로 행하기는 가장 어려운 일이기도 합니다.

샨티데바8세기 인도의 스님이자 학자로 나가르주나의 계보를 이은 중관 학파의 위대한 수행자는 말했습니다. "다른 사람들을 바라볼 때는 자애의 눈으로 바라볼 것을 명심하십시오." 이 말은 참으로 단순하게 들리며 그리 심오한 말 같지도 않습니다. 적어도 철학적으로 심오한 말은 아닙니다. 이 말이 무슨 말인지는 다들 압니다. 남들을 바라볼 때는 자애로운 표정으로 바라볼 것을 명심하라고 샨티데바는 말합니다. 그는 은유가 아니라 말 그대로 이 이야기를 하는 것입니다. 샨티데바, 인류 역사상 가장 놀라운 보살인 그분의 이 단순한 전언을 우리가 명심한다면 크나큰 전환이 일어날 것입니다. 날마다 여러분은 적어도 이 말씀을 명심하고자 할 것이며, 누군가를 바라볼 때 자애로운 표정으로 보자고 마음에 새길 것입니다. 여러분은 가족, 이웃, 모르는 사람에게 이렇게 할 수 있습니다. 물론 밖에 나가서 누군가를 사랑하는 표정으로 쳐다보려면 조금은 조심해야 합니다. 아시다시피 현대의 문화에는 장애가 많습니다. 사람들은 여러분이 정신이 조금 이상한 사람이라거나 뭔가 원하는 것이 있어서 그런다고 생각할지도 모릅니다. 여러분이 스스로를 바라볼 때도 자애로운 표정으로 바라볼 수 있습니다. 모든 이를 바라볼 때 연민의 자애로운 눈으로 바라볼 수 있습니다.

　의식의 눈, 마음의 눈이 있습니다. 그건 몸의 눈이 아닙니다. 지혜의 눈입니다. 다르마dharma의 눈입니다. 마음의 눈은 연민입니다. 여러분은 온 인류를 지그시 바라볼 수 있는데, 이때의 시각화는 연민의 눈으로 이루어지는 것입니다. 이와 마찬가지로 아침부터 저녁까지 여러 사람과 만나지만 그중에는 여러분이 사랑하는 사람들도 있고 분한 감정이나 판단 때문에 대하기 껄끄러운 사람들도 있습니다. 여러분은 샨티데바의 단순한 메시지를 실천하겠다고 명심하고 싶을 것입니다. 그들 모두를 연민의 눈으로, 사랑의 눈으로 지그시 바라보십시오. 어떤 때는 그것을 밖으로 드러내어 표현할 필요가 없기도 하고 어떤 때는 표현할 수도 있습니다. 인류를 향해 모든 것을 포용하는 이 사랑을 느낀다면 언제라도 여러분과 관계 맺는 모든 사람이 그 사랑에 감동할 것입니다. 여러분의 두려움은 사라질 것입니다. 여러분의 고통은 강박증과 시기심과 함께 스러질 것입니다. 여러분은 우주와 조화를 이루고 삶의 덧없는 상황들과 조화를 이루고 있음을 느낄 것입니다. 여러분은 위기에 맞닥뜨려서도 이 조건 없는 기쁨을 느낄 것입니다.

문제는 이겁니다. 인류에 대한 이 모든 것을 품어 안는 사랑을 어떻게 하면 일으킬 수 있는가? 이는 사랑하는 법을 아는가, 모르는가의 문제가 아닙니다. 그보다는 저항의 문제입니다. 우리 모두의 마음속에는 저항이 있습니다. 사랑에 대한 저항입니다. 우리의 두려움, 판단, 스스로 지어낸 이원적 개념을 놓지 못하게 하는 저항이 있습니다. 이것이 온 인류를 사랑하는 일에 저항으로 나타납니다.

머리를 깎고 음식을 탁발하러 다닌다고 참된 비구가 아니라 자기 자신의 의심을 물리친 사람이 참된 비구라고 붓다는 말했습니다. 붓다는 의심이 마음 수행의 길의 강력한 장애라는 말씀을 자주 했습니다. 붓다가 말한 의심은 여러 가지로 해석될 수 있샨티데바는 말했습니다.

"다른 사람들을 볼 때는

자애의 눈으로 바라볼 것을

명심하십시오."

이 단순한 전언을 명심한다면

크나큰 전환이 일어날 것입니다.

습니다. 법에 대한 의심, 깨달음에 대한 의심, 자애와 연민의 길에 대한 의심 등으로 이해될 수 있습니다. 여기서 저는 이 의심이라는 것을 차라리 저항이라고 해석하렵니다. 그것은 사랑에 대한 저항입니다. 저항도 의심의 한 형태가 아닐까요? 어찌 보면 의심도 저항의 한 형태이겠고요. 우리는 자기 자신의 마음속으로 들어가서 이 의심의 정체를 찾아내고 싶어 합니다. 에고 입장에서 사랑은 매우 겁나고 두렵습니다. 이 두려움 때문에 우리는 모든 방어를 놓지 못하게 됩니다. 이 두려움 탓에 모든 것을 포용하는 사랑이라는, 겁나면서도 홀가분해지는 세상으로 뛰어들지 못하는 것입니다.

일단 여러분이 마음속으로 들어갔는데 그 저항이 있다면, 어떻게 그것을 보내겠습니까? 스스로 이렇게 묻고 싶을지도 모릅니다. '이 저항을 풀어 버린다면 어떤 일이 일어날까?' 만약 여러분이 에고의 소리에 귀 기울인다면 에고는 여러분이 왜 저항을 풀지 말아야 하는지에 관해 틀린 논리와 이유를 댈 것입니다. 저항을 풀면 죽을 것이라고 말할 겁니다. 또 에고는 여러분이 마음에 대한 통제력을 잃을 것이고 그러면 여러분이 사랑해야 할 사람들과 사랑해서는 안 될 사람들 사이에서 어떻게 말해야 할지를 모르게 될 것이라고 말할 것입니다. 정신 나간 소리지요. 잠시라도 여유가 있다면, 자신의 가장 깊은 지혜에 귀 기울여 보십시오. 그 지혜가 여러분에게 말할 것입니다. 마음을 활짝 열면 영원히 자유롭고 행복해질 것이라고. 이런 사랑을 비밀로 간직해야 될 때도 있을 것입니다. 어떤 사람들에게는 여러분이 모든 이를 사랑한다고 말할 수 없을 것입니다. 그들은 그런 소리를 듣기 싫어할지도 모릅니다. 특히 어느 누구보다도 자기를 사랑해야 한다고 생각하는 사람들이라면 말입니다. 이러한 사랑이 여러분 마음에 머물도록 하십시오. 처음에는 이 사랑이 바람 속의 촛불처럼 미미할 것입니다. 그러다가 천천히 여러분 마음속에서 진화하고 자라날 것입니다. 이 사랑이 모든 것을 치유합니다. 여러분은 이 삶 전체를, 아름다운 면이나 너저분한 면 모두를 사랑할 수 있게 될 겁니다.

제5장

확실한 것도,
안전한 것도 없다

실상에 대한 바른 이해

세상에 불변의 실체란 없습니다.

세상은 언제라도 무너질 수 있습니다.

이러한 진리를 알아차리고,

사랑하면 아무것도 놀랍고 두렵지 않습니다.

이별, 질병, 상실처럼

좋지 않은 일도 친구가 됩니다.

티베트의 스승 릭진 괴뎀티베트불교에서 파드마삼바바가 숨겨 놓은 보
장의 중요한 발견 계승자은 바탕은 하나지만 길은 둘이라고 했습니다.
그렇기 때문에 결실도 둘이라고. 길이 둘이라는 말은 알아차림의
길과 알아차리지 못함의 길, 이 둘을 뜻하는 것입니다. 우리는 알
아차림의 길을 걷든가 알아차리지 못함의 길을 걷든가 둘 중 하
나를 선택할 수 있습니다. 많은 사람이 알아차리지 못한 상태의
길을 걸어갑니다. 물론 우리가 돌아다니면서 누가 알아차림의 길
을 걷고, 누가 알아차리지 못함의 길을 걷는지 알아낼 수는 없습
니다. 그러나 이 두 개념은 의식의 두 가지 다른 상태입니다.

또 집단적으로 알아차리지 못한 경우도 있습니다. 말 그대로
알아차리지 못함의 상태에 머무는 사람이 많기 때문이지요. 알아

차리지 못한 상태는 때로 상당히 무겁고 괴롭습니다. 이뿐만 아니라 오늘의 세상에서 우리가 눈앞에 보는 바와 같은 온갖 난폭한 언행과 고통의 뿌리로 작용하기도 합니다. 물론 난폭한 언행, 공격, 고통이 새삼스러운 것은 아닙니다. 그런 일들은 인간 문명이 싹틀 때부터 이 지구상에 죽 있었으니, 우리는 그것들이 항상 이 세상에 있어 왔음을 기억해야 합니다. 또 우리는 개인적이건 집단적이건 우리의 온갖 문제의 뿌리가 집단적으로 알아차리지 못함에 있음을 자각하고 싶을 것입니다. 때로 우리는 집단적으로 알아차리지 못한 상태의 일부입니다. 그뿐만 아니라 우리가 그 상태에 한몫하고 있을 수도 있습니다. 집단적으로 알아차리지 못함은 숱한 망상의 근거가 됩니다.

여기서 그 망상을 일일이 열거하거나 겪어 볼 수는 없지만 우리가 밝힐 수 있는 두 가지 커다란 망상이 있습니다. 확실하다는 개념과 안전하다는 개념입니다. 이 개념들은 실제로 아예 존재하지도 않습니다. 절대적으로 커다란 신화이며, 우리 마음이 지어낸 것일 뿐입니다. 그런데도 온 세상이 확실성을 우리가 성취하고 유지하고 지속시킬 수 있는 상태라고 믿습니다. 또 어느 정도 안전을 확보하면 행복해질 것이라고 믿습니다. 우리 모두가 마음속에 지닌 이 기본적 공허를 채우고 어떻게든 욕망을 채우려 합니다. 이런 환상을 현실로 만드느라 정신적이든 육체적이든 가진 밑

천을 몽땅 써 버리고 나면 우리는 신경증 환자가 됩니다. 쉽게 비합리적인 사람이 되고, 그러면 미처 알아차리기도 전에 파괴적인 사람이 됩니다. 자신이나 남들에게 파괴적이 됩니다. 이런 환상을 이루기 위해 우리의 기본이 되는 분별, 사랑, 연민, 심지어 존엄성까지 희생하는 경향이 있습니다.

우리가 얻을 수 있는 가장 심오한 통찰은 세상에 확실한 것도 안전한 것도 없다는 깨달음입니다. 이와 관련된 티베트 우화를 하나 이야기하겠습니다. 옛날에 양식을 구걸하러 떠돌아다니던 거지가 있었답니다. 한 마을에서 커다란 자루 가득 보리를 얻었습니다. 그는 참 행복했습니다. 생애 최고의 쾌거였지요. 그는 전에 없이 마음이 느긋하고 행복했습니다. 잠시 쉬어 가기로 마음먹었습니다. 집 한 채가 보이자 그 집 처마 밑에서 자고 가기로 했습니다. 그는 그 집 서까래에 보릿자루를 매달고 누웠습니다. 하지만 기쁨에 마음이 들떠서 잠이 오지 않았습니다. 그는 앞날을 계획하기 시작했습니다. 마음에 떠오른 첫 생각은 그 자루에 든 보리로 장사를 하는 것이었습니다. 그는 곧 부자가 될 터였습니다. 단지 시간문제일 뿐이었습니다. 금방 결혼도 하고 아들도 낳아야지. 이 생각에 그는 몹시 설렜습니다. 아들 이름을 뭐라고 지을지 생각하기 시작했습니다. 길하고 좋은 이름을 생각해 내기가 쉽지 않았습니다. 바로 그때 달이 둥실 떠올랐고 그는 아들 이름을 '유명한 달'로 짓기로 결심했습니다. 이러는 동안, 큰 쥐 한 마리가 서까래에 매달린 커다란 보릿자루의 밧줄을 사각사각 쏠아 먹었습니다. 얼마 지나지 않아 밧줄이 끊어지고 커다란 보릿자루가 거지의 머리 위로 떨어졌습니다. 그 바람에 그는 그만 죽고 말았습니다. 그런데도 이 우화는 '유명한 달의 아버지' 이야기로 불린답니다.

티베트에서는 확실한 것이란 없음을 스스로 환기하기 위해 이 우화를 자주 얘기하곤 합니다. 이 이야기를 알면서도 우리는 계속 미래에 마음을 두고 살아갑니다. 항상 계획을 짜고, 내일은 이런저런 일을 해야지 생각합니다. 때로는 길을 걸어가면서도 일들을 처리하려 합니다. 계획을 세우고 앞으로 어떻게 일을 꾸며갈지 전략을 짜는 것은 좋습니다. 그러나 종종 우리는 미래에 관한 생각과 꿈, 상상과 희망에 너무 집착합니다. 그런 것들이 실현된다는 확실한 보장을 받고 싶어 합니다. 불확실성의 신호가 여기저기서 불거지면 우리는 깜짝 놀라고, 겁을 먹고, 신경증에 걸립니다. 미래에 관해 절대로 확실한 것이란 없습니다. 우리는 앞으로 펼쳐질 삶과 사건들에 대해 그 어떤 것도 확신할 수 없습니다. 절대적 영향이나 통제도 결코 행사할 수 없습니다.

우리가 집착하는 또 하나의 망상은 이른바 안전이라는 망상입니다. 우리는 온갖 안전을 확보하려 합니다. 여러 방법으로 안전을 얻고 싶어 합니다. 관계, 낭만적 관계만이 아니라 온갖 형태의 관계를 통해 그것을 성취하기를 원합니다. 또 돈으로, 성공적이고 장래성 있는 경력으로 안전을 얻고 싶어 합니다. 안전이라는 생각에 집착하면 할수록 우리는 점점 더 신경증 환자가 되어 갑니다. 여러분이 자신이나 타인에게서 목도하는 신경증의 대부분이 이처럼 절대적 안전에 대한 갈구에서 옵니다. 안전이란 없다는 것이 진실입니다. 우리는 오늘 밤에 죽을 수도 있고 아주 오랫동안 죽지 않고 살 수도 있습니다. 아마 십중팔구는 장수하겠지요. 또 우리가 사는 집이 늘 거기 있으리라는 보장도 전혀 없습니다. 은행에 저금한 돈이 언제나 거기 있으리라고 100퍼센트 확신할 수도 없습니다. 건강을 포함해 우리가 사랑하는, 애지중지하는, 집착하는 모든 것은 사라질 수 있습니다. 지금 있는 바로 그 자리에서 아무 경고도 없이 스러져 버릴 수 있습니다.

　최근 저는 하와이를 방문했습니다. 그런데 저의 오랜 친구이며 매우 씩씩한 여성이 뇌졸중이 온 탓에 제가 이끄는 명상 집중 수행 과정에 동참하지 못했습니다. 저는 병원으로 그분 문병을 갔습니다. 가 보니 그분은 말을 못 하는 상태였습니다. 한마디도 하지 못했습니다. 그분을 지그시 바라보니 그 씩씩한 정신은 여전히 그대로였습니다. 그분은 그 정신을 잃지 않았던 겁니다. 저는 소리 내어 안부를 물을 수 없었습니다. 그분이 아무 말도 할 수 없었으니까요. 얼마 동안 그분 곁에 앉아 저의 사랑을 보냈습니다. 그분이 좋아지기를 발원하는 기도를 했습니다. 제게 무슨 신적인 힘이나 비법이 있어서 그 자리에서 그분을 낫게 하는 데 쓸 수 있다면 하는 마음이었습니다. 그러나 진실은 제가 그분에 대해 아무리 선한 의도를 가졌더라도 결국 할 수 있는 일이 아무것도 없다는 것이었습니다. 물론 제 기도가 그분의 회복에 영향을 주기를 바라기야 하지만 말입니다. 저는 그분에게 말을 걸기 시작했지만 '나을 겁니다'라는 말은 하지 않았습니다. 제 기도와 축복으로 회복될 것이라는 말도 하지 않았습니다. 이렇게만 말했습니다. "당신이 미지未知를 온전히 받아들여야 할 순간이 지금입니다. 모든 사태에 직면할 준비를 하셔야 합니다. 최악의 악몽도, 더없이 힘든 상황도 마주할 준비가 되셔야 합니다." 우리 수행 공동체의 구성원 몇 분에게 그분의 건강 상태를 알려 달라고 부탁했지만 지금까지 소식은 듣지 못했습니다. 그분의 병이 나을지 낫지 않을지 지금으로서는 전혀 확실한 것이 없습니다. 평생 다시는 말을 못하게 될지도 모릅니다. 제가 그분에게 확실한 것은 없으니 마음을 굳게 먹어야 한다는 말을 직접 하는 것은 매우 큰 도전이었습니다. 그분은 최악의 조건과 마주쳐야 할지 모릅니다. 하지만 그것이 놀라운 기회가 될 것이라는 말도 했습니다. 그분이 용기 있고 삶 자체와 커다란 미지를 온전히 받아들이는 지혜가 있다면, 확실함과 안전에 대한 욕망과 집착 모두를 내려놓을 용기만 있다면,

어떤 일이 생기더라도 온전히 행복할 수 있다고 말했습니다. 그 자리를 떠나오기 직전에 그분의 얼굴에 언뜻 작은 미소가 어리는 것을 보았습니다.

우리가 자유를 찾을 수 있는 길, 진정한 행복, 조건 없는 행복, 조건 없는 기쁨을 찾을 수 있는 단 하나의 길은 확실한 것도 안전한 것도 없다는 근본 실상, 이 진리를 알아차리고 그것을 사랑하는 법을 배우는 것뿐입니다. 이것이 진실입니다. 처음에는 조금 불편한 느낌이 들거나 충격을 받을 수 있습니다. 이 근본 실상의 진리에 깨어나면 심지어 실존적 불안 같은 것을 느낄 수도 있습니다. 개인으로서 우리에게 기본적이고 근본적인 안전이나 확실성이 없기 때문이 아닙니다. 온 세상, 전 실존, 우주 전체에도 역시 기본적 확실성과 안전은 없습니다. 붓다도 이를 느꼈지만, 그때 문득 이 진리에 눈을 뜬 것입니다. 붓다는 어느 정도 당혹스러웠고 얼마 동안은 편치 못했습니다. 그래서 다음과 같이 말씀하신 것입니다. "이 세상에 불변의 실체란 없다. 세상은 온 방향으로 진동하고 있으며 나는 이런 조건에 의해 영향받지 않는 곳에서 나 자신을 찾고자 했으나, 그런 곳은 찾을 수 없다."

이 게송은 붓다의 가르침을 적은 최고最古의 기록이라 여겨지는 빨리어 초기 경전에 나오는 것입니다. 그러니까 심지어 붓다마저도 이 세상과 이 삶과 이 우주와 이 실존에 불변의 실체가 없

참된 행복은
불확실한 것을 사랑하기,
안전하지 못함과 사랑에 빠지기,
이런 데서 나옵니다.
그렇게 되면 겁먹을 일이
아무것도 없습니다.

음을 깨닫고 이런 불편함, 거의 실존적 불안을 느꼈다는 사실을 이렇게 표현한 것입니다. 세상은 언제라도 무너질 수 있습니다. 세상은 해체될 준비를 하고 있습니다. 취약하고 변화무쌍하고 덧없습니다. 세상은 또한 참으로 아름답고 신비스러우며 때로는 신성하고 때로는 평범하기도 합니다. 세상이라는 게 무엇인지 이해가 될 때도 있고 도무지 알 수 없을 때도 있습니다. 일단 우리가 만물의 근본 진리, 만물에는 확실함도 안전도 없다는 사실에 눈을 뜨면 그 새로운 실상과 친해지기까지 시간이 좀 걸립니다. 그러다가 언젠가는 그 진리를 완벽히 사랑하게 됩니다. 그리고 마침내 예전에 안전과 확실성이라는 환상을 사랑했듯이 그 진리를 사랑하게 될 것입니다.

우리는 모두 알고 있습니다. 환상을 좇으면 단지 고통과 괴로움이 생길 뿐이라는 것을. 환상을 좇으면 사람이 탐욕스럽고 이기적이 됩니다. 비합리적이 됩니다. 우리의 존엄성과 오롯함을 몽땅 잃게 됩니다. 진실은 이겁니다. 우리는 대부분 실제로 고통받고 있다는 것을 모릅니다. 우리의 환상을 확실한 것으로 만들려고 애쓰느라 숱한 고통과 괴로움이 따릅니다. 우리는 대개 그 고통을 알아차리지 못합니다. 예를 들어 여러분이 누구와 놀랄 만큼 관계가 좋다고 상상해 봅시다. 여러분은 그 관계에서 많은 편안함을 찾을지도 모르지요. 말로 표현할 수 있는 한, 그 관계는 잘돼 갑니다. 어떤 신성한 축복처럼 생각될 정도입니다. 그 관계가 여러분 마음속에서는 전부일지 모르지만 곰곰이 따져 물으면 거기에는 어떤 두려움이 있음을 알게 됩니다. 불확실한 것이 있는 겁니다. 혹시 그 관계를 잃어버릴지도 모른다는 두려움이 마음속 어딘가에 숨어 있습니다. 마찬가지로 여러분이 굉장한 부자일 수도 있습니다. 그런데 주의 깊게 들여다보면 뭔가 다른 것을 찾을 수 있을 겁니다. 하지만 굳이 따져 묻지 않으면 살면서 큰 부자라는 이유로 기쁨, 안락, 행복을 찾을 수 있을 것입니다. 원하는 것은 뭐든지 할 수 있으니까요. 집을 서너 채 소유할 수 있고, 크루즈 여행을 갈 수도 있고, 멋진 차를 살 수도 있고, 거창한 파티를 열 수도 있고, 사람을 많이 고용할 수도 있고…. 원하는 것은 무엇이든 할 수 있습니다. 그러나 주의 깊게 잘 보면 거기에도 겉으로 보이지 않고 말로도 표현되지 않는 불안이 있습니다.

우리는 또 정신세계에서 해결책을 얻으려 합니다. 몇 년 전에 제가 뉴욕에서 설법을 했습니다. 어느 여자분이 그 자리에 왔습니다. 설법이 끝나고 그분이 저에게 다가왔습니다. 몸이 엄청여위었고 덜덜 떨고 있었습니다. 한마디로 아주 힘든 시기를 겪는 것 같은 분이었습니다. 그분은 거의 10년간 인도의 어느 수행 공동체에서 살았다고 했습니다. 스승도 있었다고요. 오랫동안 날마다 그 스승 문하에서 더없는 행복과 기쁨을 느꼈답니다. 그러다 무슨 일인지는 몰라도 스승과 사이가 틀어졌고, 그분의 마음은 만신창이가 되었습니다. 기쁨과 지극한 행복을 다 잃었습니다. 마침내 실망하고 화가 났습니다. 그러니까 이는 우리가 때로 정신세계에서 안전이라는 그럴듯한 환상을 현실로 만들려 애쓰는 하나의 예입니다. 확실함과 안전을 얻으려는 노력이나 심지어 우리가 오매불망 그리는 확실함과 안전이 이미 확보되어 있다는 생각에는 진정한 행복이 없습니다.

제가 던지는 질문은 이것입니다. 여러분은 진실로 행복을, 참된 행복을 느낀 적이 있습니까? 이 강력한 질문을 해야겠습니다. 물론 우리는 스스로 이렇게 말할 수 있겠지요. "나는 행복을 느꼈던 기억이 여러 번 있는데." 아니면 이렇게 말할 수도 있습니다. "10년 전 신혼 시절에는 행복했어. 오래가지는 않았지만 그게 진짜 행복이었는데." 혹은 "3년 전 복권에 당첨되었을 때 행복했던 기억이 나네. 몇 주 가지 못해서 그렇지 그게 진짜 행복이었어." 다시 질문해 보겠습니다. 살면서 한 번이라도 진짜 행복, 즉 어떤 형태의 성공, 이득, 성취, 안전, 안락에서 생겨난 것이 아닌 행복을 느껴 본 적이 있습니까?

참된 행복은 매우 이상한 현실에서 생겨납니다. 불확실한 것을 사랑하기, 안전하지 못함과 사랑에 빠지기, 이런 데서 참된 행복이 나오는 것입니다. 일단 이 진리를 사랑할 줄 알면 참된 행복을 느끼게 될 것입니다. 진짜 기쁨이 무엇인지 알게 될 것입니다. 그러면 그야말로 더없는 행복이 가슴에서 춤을 출 것입니다. 물론 주변 사람들은 여러분이 왜 그렇게 행복한지 이해하기 어렵겠지요. 괜찮습니다. 그렇게 되면 겁먹을 일이 아무것도 없으니 여러분은 두려움을 다 상실하게 될 것입니다. 일단 두려움이 녹아 버리기 시작하면 여러분의 마음은 사랑으로 가득 찰 것입니다. 이보다 더 놀라운 일이 어디 있을까요? 이러한 상태가 바로 롱첸빠 1308~1363, 일명 롱첸 랍잠. 티베트불교 닝마빠의 가장 뛰어난 스승이며 주석가나 다른 큰스승들이 줄곧 표현하려 애썼던 것입니다. 모든 것이 여러분의 친구가 됩니다. 이별, 질병, 상실처럼 좋지 않은 상황들까지도 모두 친구가 됩니다. 삶이 여러분의 친구가 됩니다. 깜짝 놀랄 일이 없습니다. 삶에서 어떤 일이 생기든, 모든 것이 그야말로 친구로 느껴지는 것입니다. 이 생이 여러분의 친구이며 이 우주가 여러분의 집이라고 느끼게 됩니다. 우주가 낯선 사람들의 땅이어서 항상 경계하고 피해망상에 시달리며, 방어든 공격이든 둘 중 하나를 택해야 할 것 같은 두려움에 떨지 않게 됩니다. 여러분은 마음을 활짝 열고 이 우주를 사랑할 수 있습니다. 우주와 함께 춤출 수 있습니다.

제6장

결국 사라지기에
소중한 것들

무상無常에 대한 명상

달력의 날짜 하나를 골라
'통찰의 날'로 표시해 두십시오.
그날, 자기 자신이 언젠가
죽는다는 것에 대해 명상해 보십시오.
오늘이 삶의 마지막 날이라면
무엇을 하시겠습니까?

인생에는 네 단계가 있습니다. 생生, 노老, 병病, 사死. 이 네 단계는 누구나 겪으며 피할 수 없습니다. 사람이면 대부분 삶의 이 피치 못할 네 단계를 거칩니다. 불행히도 너무나 이른 나이에 삶을 마감하여 노년을 겪지 못하는 사람들도 있습니다. 자기가 너무 늙었다고 생각하는 사람은 매우 행복한 사람입니다. 노년은 선물입니다. 맛볼 기회가 전혀 없는 사람도 많은, 그런 축복입니다. 이른 나이에 아직 삶이라는 여행을 완성할 기회도 없이 질병, 굶주림, 폭력으로 죽는 사람도 많습니다.

여러분도 아시다시피, 우리는 비록 생일을 기억하지 못하더라도 태어난다는 것은 누구나 좋아합니다. 탄생 장면을 부모님이 동영상이나 사진으로 찍어 놓은 분도 분명히 있을 것입니다. 이런 사진이 아니라면 우리는 탄생을 직접 기억할 수 없습니다. 그러면서도 모두 태어나는 것은 참 좋아합니다. 생일잔치를 열어 아끼는 사람들을 모두 초대합니다. 누군가의 생일에는 다들 보기 좋은 미소를 지으려고 애씁니다. 손님들은 선물을 들고 오거나 시를 지어옵니다. 그들 덕분에 여러분이 정말 특별하고 유일한 존재인 것처럼 느껴집니다. 이 세상에 우연히 떨어진 별똥별, 천사라도 되는 것처럼 느껴집니다. 물론 우리는 어떤 의미에서 놀라운 천사이기도 합니다. 우리는 모두 아름다운 개체입니다. 우주가 우리를 통해 그 자신을 드러내고 있으니 그런 의미에서 본다면 우리가 천사이고 별똥별인 셈이죠.

그러다 병이 나는데, 이른 나이에 병에 걸리는 사람도 많습니다. 그러니 병은 금기로 둘 수 없는 주제입니다. 주변을 둘러보면 가까이에 있는 많은 사람이 병에 시달립니다. 친척이나 가족이 당장 아플 수 있습니다. 곧 죽을 큰 병은 아니더라도 만성병을 앓을 수도 있습니다. 그러니까 우리는 병을 숨기고 금기로 놓아 둘 수 없습니다. 삶은 병에 대해 논의하고 얘기하지 않을 수 없게 우리를 몰아갑니다. 이미 살면서 중병을 앓아 본 사람도 많습니다. 거듭 말하지만 우리는 모두 병을 인생의 피치 못할 단계로 생각합니다. 그리고 병을 어떻게 다루어야 하는지 이야기한 심오한 정신적 가르침이 많습니다.

아마도 집중적으로 조명해야 할 가장 의미 있는 주제는 죽음일 것입니다. 일상의 삶에서는 죽음에 대해 그리 많이 말하지 않습니다. 대부분의 경우 죽음은 금기로 여겨집니다. 이뿐만 아니라 언젠가 죽는다는 사실에 대해 엄청난 공포감이 있기에 우리는 그 문제에 대한 관심을 다른 데로 돌리기 위해 할 수 있는 일은 다합니다. 늘 바쁘게 지냅니다. 죽음을, 특히 우리 자신이 언젠가 죽는다는 사실을 잊기 위해 이것저것 재미나는 활동도 합니다. 과거의 많은 큰스승은 죽음에 대한 두려움이 '마라', 즉 우리들 저마다의 마음속에 사는 악마의 한 모습이라고 말했습니다. 우리를 주술로 사로잡을 수 있는 일종의 검은 마법을 소유한 힘센 악마 말입니다. 때로 그 악마는 우리의 행복을 망가뜨릴 수도 있고, 인생을 파괴할 수도 있으며, 기회나 행운을 모조리 망칠 수도 있습니다. 우리에게는 많은 기회가 있습니다. 깨어날 기회도 있습니다. 내면으로 들어가서 자애와 연민의 화신이 될 수도 있습니다. 그러나 우리를 멈춰 세우는 그 악마는 어떤 독립된 개체가 아닙니다. 그것은 우리의 일부분, 우리 마음의 일부입니다.

한 가지 역설이 있습니다. 우리는 죽음을 두려워하며 죽음에 대해 별로 이야기하지 않으려 합니다. 특히 멋진 파티를 열거나 맛있는 음식을 차려 베풀거나 음악을 연주하거나 촛불을 켤 때 그렇습니다. 이럴 때 우리가 입에 올리지 않는 단 한 가지 주제가 죽음입니다. 반면 우리는 죽음에 매혹되기도 합니다. 폭력적인 영화를 보고 죽음이나 죽임을 당하는 사람들을 구경하면서 쾌감을 느낍니다. 또 우리가 보는 연극이나 드라마, 영화에는 죽음이 많이 나옵니다. 그냥 죽음이 아니라 매우 폭력적인 죽음도 나옵니다. 이런 형태의 오락물에 빠지는 사람들도 있습니다. 여러분도 아시다시피, 20세기 초반에 월터 에반스 렌츠라는 미국인이 『티베트 사자의 서―중음 상태에서의 사후 체험』이라는 놀라운 책을 번역했습니다. 죽는 과정과 죽음을 밝혀 주는 혁명적인 책입니다. 많은 서양인이 그가 번역한 책을 읽었고 그 내용에 빠져들었습니다. 그러니 우리는 한편으로는 죽음에 아주 매혹되는 동시에 죽음, 특히 자기 자신의 죽음에 관해 얘기하는 것은 전혀 원치 않습니다. 혹시 남들의 죽음이라면 괜찮을지 몰라도 자신의 죽음에는 그것이 적용되지 않습니다. 우리는 죽음에 대해 논의하기도 하지만 죽음을 적절하고 개인적인 현안으로 논의하는 것이 아니라 일종의 객관적이고 철학적인 주제로 논의합니다.

붓다는 여러 명상이 있지만 으뜸가는 명상은 무상無常에 대한 명상이라고 말했습니다. 많은 발자국이 있지만 코끼리 발자국이 가장 큰 것처럼 말입니다. 붓다의 이 말씀은 무상을 관觀하는 것이야말로 가장 중요하고 가장 변화를 가져오는 명상이라는 것입니다. 그것은 우리가 피해서는 안 될 명상이며, 삶의 어느 시점

붓다는 여러 명상이 있지만

으뜸가는 명상은

무상無常에 대한 명상이라고 말했습니다.

많은 발자국이 있지만

코끼리 발자국이

가장 큰 것처럼 말입니다.

에 꼭 불러들여야 하는 명상입니다. 젊고 건강할 때는 무상, 죽음 같은 주제에 관해 명상해 봤자 무슨 소용이나 목적이 있는가 하는 생각이 들기도 합니다. 보통 사회에서는 누군가에게 할 수 있는 최상의 칭찬 중 하나가 '참 젊어 보이시네요'라는 말입니다. 가끔 사람들이 여러분에게 나이를 물을 때도 있지만 대부분은 묻지 않습니다. 나이는 매우 사사로운 비공개 사항으로 여겨지지요. 제가 미국에 왔을 때 누군가 여기선 남들 나이를 물어서는 안 된다고 하더군요. 혹시 묻게 되더라도 "오! 나이보다 훨씬 젊어 보이시는데요"라고 말하라고 했습니다. 우리는 모두 자신이 젊고 건강하다고 생각하기를 좋아합니다, 여러분이 20대나 30대 나이로 진짜 젊다고 상상해 보십시오. 죽음에 대해 명상하는 것이 여러분에게 걸맞지 않다고 생각할 것입니다. "이건 우리 할아버지, 할머니, 노모를 위한 마음 수행이지 내가 할 일은 아니야"라고 생각할 것입니다.

물론 죽음을 받아들이기란 매우 어렵습니다. 우리는 모두 죽음을 두려워합니다. 죽음은 알려지지 않은 영역이기 때문입니다. 알려지지 않았을 뿐만 아니라 죽음이 모든 것의 끝, 우리 삶의 종말이라는 믿음도 있습니다. 그렇게 볼 때 죽음은 우리가 아끼던 모든 것을 잃는 순간입니다. 죽으면 우리는 다시는 아이들과 크리스마스를 지낼 수 없습니다. 즐겨 보던 텔레비전 드라마를 볼 기회도 없고 좋아하는 초콜릿도 먹을 수 없습니다. 그러니 죽음은 매우 경악스러운 것입니다. 그러나 죽음은 태어남이 그렇듯이 그저 삶의 순환의 일부일 뿐입니다. 삶이 그 고유의 계절과 순환을 가진다면, 죽음은 마치 겨울과 같습니다. 겨울을 싫어하는 사람이 많습니다. 겨울은 나뭇잎이 모두 떨어지고 나무가 메마른 갈색이 되는 계절입니다. 꽃도 더 이상 없습니다. 그러나 겨울은 특히 크리스마스쯤이면 꽤 마술적인 계절이 될 수 있습니다. 아이들은 크리스마스라고 들뜹니다. 어찌나 설레는지 그 분위기가 겨우내 이어집니다. 아이들은 기뻐하며 눈이 많고 선물이 수북수북 쌓인 북극에서 산타클로스 할아버지가 오기를 기다립니다. 그 생각을 할 때마다 아이들의 마음은 기쁨으로 가득 찹니다. 사람들은 트리를 장식하고 밤이 되면 불빛이 눈雪에 비쳐 반짝입니다. 겨울이라는 계절 전체가 마법처럼 됩니다.

요점은 붓다가 우리 모두를 무상, 특히 우리 자신의 죽음과 죽어 감에 관한 명상으로 초대했다는 것입니다. 이것은 여러분이 지금 죽어 가는지 아닌지, 젊었는지 늙었는지 그런 이야기가 아닙니다. 그 뒤에는 완전히 다른 목적이 있습니다. 죽음, 그냥 개념으로서의 죽음이 아니라 바로 여러분 자신의 죽음은 죽음을 준비하는 것과는 다릅니다. 여러분 가운데는 죽음을 준비하기에는 너무 젊은 분이 많습니다. 아직 유언장을 작성할 필요는 없습니다. 죽음 명상의 요점은 이런 식으로 유언장 쓰기, 돈이나 차·베개를 누구에게 물려줄 것인지를 정하는 일처럼 죽음을 준비하는 것과는 다릅니다. 그보다 여러분이 언제든 죽을 수 있다는 것을 깨닫는 일입니다.

언젠가 젊은 여성분이 제가 설법하는 자리에 왔습니다. 매우 젊고 건강해 보였습니다. 그로부터 몇 달이 지나, 방금 세상을 떠난 사람을 위해 기도해 달라는 부탁을 받았습니다. 그 고인이 바로 몇 달 전 제 설법을 들으러 왔던 여자분임을 알게 되었습니다. 바다에서 헤엄치다가 죽었다는 것이었습니다. 아무리 젊고 건강해도 내일 살아 있을 거라는 확실한 보장이 없습니다. 아마 대부분은 오래오래 살겠지요. 그렇지만 우리가 언제든 죽을 수 있다는 이 실상을 고려해야 합니다. 그러면 최소한, 언젠가 죽을 것이라는 사실을 강력하게 실감하게 될 것입니다. 내일 죽지는 않더라도 언젠가 우리는 죽을 것입니다. 우리는 꼼짝없이 죽을 수밖에 없는 존재입니다. 불멸의 존재가 아닙니다. 물론 언젠가 죽을 수밖에 없다는 것을 우리 모두 다 알기는 합니다. 누구도 자신이 불멸의 존재라는 환상은 갖지 않습니다. 앞으로 죽는다는 것을 알기는 압니다. 그러나 여러분이 죽을 것이라는 깨달음을 마음 깊이 느껴 본 적이 있습니까? 죽음에 대한 이론적 이해만이 아니고 말입니다. 언젠가 죽을 것이라는 통찰을 가슴속에, 뼛속까지, 골수까지 깊이 해 본 적이 있습니까? 만약 그렇게 한다면 두려움이 느껴지거나 몸이 떨리기 시작할 것입니다. 그러니까 우리가 죽 회피해 온 두려움이 있는 것입니다. 당장 내일 죽건 50년 후에 죽건 그것은 문제가 안 됩니다. 우리가 진정으로 자신의 죽음을 곰곰 생각할 때 우리 안에는 날것 그대로의 두려움, 생생하게 떨리는 두려움이 있습니다.

티베트의 사원에서는 자신의 죽음에 대해 거듭거듭, 몇 달이고 숙고하라고 합니다. 그러면 곧 이런 두려움을 느끼게 됩니다. 다시 한번 말하거니와 요점은 이 두려움으로부터 도망치지 말고 그 두려움을 지닌 채 사는 것, 그 두려움을 점점 더 의식하는 것, 심지어 그 두려움을 다른 것으로 전환시키려 하지 않는 것입니다. 순간순간 그런 두려움을 지니고 살 필요는 없지만 그 두려움과 친해져서 망각이나 부정, 즉 자기 자신의 죽음에 대한 부정에 빠지지 않아야 합니다. 그러면 머지않아 알게 될 것입니다. 죽음에 대한 두려움이 실제로 가르침이 되고, 참되고 진정한 정신성이 된다는 것을. 이러한 두려움은 삶을 깊이 이해하는 원천이 됩니다. 인간으로 사는 이 삶이 얼마나 소중한지를 깨닫게 됩니다. 언제라도 사라질 수 있기에 삶이 소중하다는 것을 깨닫고 이 삶을 진정으로 사랑하기 시작하게 됩니다. 아침부터 밤까지 하루하루의 삶을 사랑하기 시작합니다. 자기가 이 세상에서 가장 부자라는 것을

죽음에 대해 거듭 숙고하면

언제라도 사라질 수 있기에

삶이 소중하다는 것을 깨닫고,

이 삶을 진정으로 사랑하기 시작하게 됩니다.

아침부터 밤까지

하루하루의 삶을 사랑하기 시작합니다.

알게 됩니다. 사실은 한 사람 한 사람이 세상에서 제일 부유한 사람입니다. 여성 한 분 한 분이 세상에서 제일 부자이며 남성 한 분 한 분이 제일 부자입니다. 이 귀한 삶을 살고 있다는 바로 그 사실 때문에 그러합니다.

인간의 삶이 귀중하다는 것을 깨달으면 피상적 가치에 솔깃하는 마음이 없어지기 시작합니다. 그 대신 어떻게 하면 삶의 좀 더 깊고 의미 있는 가치 쪽으로 주의를 돌릴지 알게 됩니다. 보통 사람들은 삶의 피상적 가치를 떠받들게 마련입니다. 은행에 돈이 얼마나 있는지, 외모가 어떤지 이런 것을 너무 신경 쓰는 경향이 있습니다. 아니면 세간에서 흔히 말하는 성취에 몰두합니다. 그뿐만 아니라 우리는 어느 정도 자기중심적이 되거나 이기적이 됩니다. 스스로 물어보십시오. 여러분이 껍데기뿐인 관습적 가치에 얼마나 집착하는지. 사람들은 때로 외모에 대해 지나치게 걱정합니다. 요즘 가장 성업 중인 것이 성형 수술입니다. 사람들은 성형에 막대한 금액을 씁니다. 또 우리는 성취와 사회적 지위에 대해 지나치게 걱정합니다. 이런 피상적 가치를 숭앙한 결과는 고통과 비참함입니다. 그러니 자신이 언젠가 죽는다는 사실과 이 삶이 소중하다는 것을 인식하면 우리는 이 삶의 좀 더 깊은 목적 —아침부터 밤까지 이 삶 이 세상 인류를 사랑하기, 이 생에서 좀 더 연민심 갖기, 다른 사람들 돕기, 미움과 화를 오래 지니지 않기—을 이해하기 시작합니다.

저는 많은 사람에게 이런 연습을 시키곤 했습니다. 달력의 날짜 하나를 골라 실험의 날, 통찰의 날로 표시해 두라는 것입니다. 그런 날에는 자기 자신이 언젠가 죽는다는 것에 대해 명상하자는 것입니다. 스스로에게 이렇게 말해 보십시오. 그날은 마치 인생 마지막 날인 것처럼 살자고 말입니다. 오늘이 삶의 마지막 날이라면 무엇을 하시겠습니까? 아마 사랑하는 사람들, 아이들에게 전념하기로 결심하지 않을까요. 어쩌면 그날은 즐겨 보던 텔레비전 예능 프로도 안 보고 아이들과 함께하며 그 웃음소리를 듣고 얼굴을 자세히 들여다보면서 그 미소, 궁금해하고 신기해하는 표정, 아이들의 마법과도 같은 재롱을 보며 시간을 보낼 겁니다. 또는 친구 한 사람을 만나 그를 판단하는 대신 여러분의 에고를 내려놓고 온전히 그 친구를 위해서만 그 자리에 있으면서 그를 사랑하고 매 순간 더없는 존경을 보여 줄 겁니다. 분명 여러분은 머리 모양 같은 것은 걱정하지 않을 것입니다. 진정 뭔가 의미 있는 일을 하고 싶을 것입니다. 어쩌면 옛날에 누군가에게 상처를 주었는데 깜박 잊고 사과하지 않은 일이 떠오를지 모릅니다. 전화를 걸거나 이메일을 써서 "상처 주어 정말로 미안하다"라고 말할 수도 있지요. 아니면 살면서 언젠가 자기에게 피해를 준 사람을 용서할 수도 있습니다. 혹은 심신이 아프거나 허약한 사람에게 병원비를 보태 주거나 선물을 할 수도 있습니다. 밖으로 나가 이 세상이 얼마나 아름답고 마술처럼 멋진지 느껴 볼 수도 있습니다. 여러분은 우주와 사랑에 빠지는 축복과 황홀경에 어떻게 중독되는지 알 수도 있습니다. 저녁 식탁에 앉아 음식을 한입 먹을 때마다 그 맛을 잘 음미할 수도 있습니다. 매일매일 이렇게 살아야 합니다. 결국은 100년을 사나 하루를 사나 마찬가지입니다. 다를 바가 없습니다.

결국 죽음이란 겁낼 만한 일이 아닙니다. 삶도 그렇습니다. 많은 위대한 스승이 임종게를 썼습니다. 그분들은 죽기 전에 마음을 매우 고양시키는 시를 쓴 것입니다. 죽어 가는 과정을 마치 밤에 잠드는 것과 같다고 합니다. 밤에 잠드는 것이 두렵습니까? 태어나는 것은 아침 일찍 잠에서 깨어나는 것과 같습니다. 죽음은 밤에 여러 생각이 잦아들고 감각 기관들의 문이 닫히고 깊은 평온이 깃들면 스르르 잠에 빠지는 것과 같습니다. 죽음은 그런 것입니다. 죽음에는 두려워할 만한 것이 전혀 없습니다.

위대한 스승들은 '다르마까야dharmakaya'로 돌아간다고 말했습니다. 불교 용어로 다르마까야란 궁극의 근원을 뜻합니다. 그 스승들에게는 죽음이 그리 고약한 실존의 종말이 아닌 것입니다. 그들에게 죽음은 모든 것의 끝이 아니었습니다. 죽음이란 돌아가는 일이었습니다. '궁극의 근원'이라는 것이 도대체 뭘까 궁금해할 분이 많다는 것을 저는 압니다. 그것은 우주를 달리 명명한 방식일 뿐입니다. 여러분은 우주의 품으로 되돌아갑니다. 여러분이 우주입니다. 그러나 또한 우주의 놀이이기도 합니다. 여러분처럼 우주도 스스로를 드러내 보이고 있습니다. 그러다 여러분이 죽으면 다시 우주 속으로 되돌아가 거기 녹아들어 하나가 되는 것입니다. 우주는 늘 춤추며 수만 가지 표현으로 자신을 나타냅니다. 그러다가 모든 표현이 우주 속으로 녹아들고 또다시 나타납니다. 이는 영원한 놀이입니다. 여러분은 그 영원한 놀이의 일부분입니다. 그러니 결국 여러분이 우주입니다. 그런 관점에서 보면 여러분은 모든 것입니다. 여러분은 하늘의 별입니다. 숲속 나무입니다. 은하수입니다. 또 쓰레기 매립지 안의 만물입니다. 물론 뜰에 핀 아름답고 이국적인 꽃이기도 합니다.

제7장

모든 것을
품어 안는 사랑

자신의 한계와 신성함, 모두 알아치리기

우리는 누구나 마음속에 두려움,

무너져 내리면 어쩌나 하는

두려움이 있습니다.

그 두려움이 불안감으로 변합니다.

불안감은 때로 폭력, 성냄, 미움, 의심이 됩니다.

그때 사랑이 우리를 녹여 줍니다.

인생의 어느 시점엔가 우리는 자의식을 갖게 됩니다. 우리가 이 거대한 우주 속의 인간임을 자각하기 시작합니다. 시간이 흐르면서는 우리만의 개성, 선호하는 바, 기억, 환상 같은 것을 갖게 됩니다. 때로는 인간으로 사는 것이 우주에서 받은 선물임을 느낍니다. 마음이 활짝 열리고 황홀해지고 즐거워집니다. 또 어떤 때는 사람으로 사는 것이 매우 어렵게 느껴지기도 합니다. 특히 마음이 상했거나 낙담했거나 희망이 없을 때 그러합니다. 가끔씩 이 인생에 목적이 있다고 느껴지기도 합니다. 특히 대가가 주어지는 어떤 일을 할 수 있을 때 그렇지요. 이 삶에 목적이 있다는 것을 느끼기 위해 으리으리한 성을 세운다거나 인상적인 기념물을 쌓아 올릴 필요는 없습니다. 시 한 편을 쓰거나 음악 한 곡을 짓는 일에서도 우리가 여기 존재하는 목적이 있다고 느낄 수 있습니다. 또 어떤 때는 우리가 아주 무의미한 존재로 느껴지기도 합니다. 우리가 끝없이 흘러내리는 강물 속을 마구 떠내려가는 나무 막대기에 매달린 작디작은 미물처럼 느껴지기도 합니다. 생일잔치를 할 때는 누구나 자기가 특별하다고 느낍니다. 그래서 생일잔치에 집착하는 사람들이 그렇게 많은 겁니다. 잔치는 우리가 매우 주목받는 순간들 중 하나입니다. 그럴 때는 온 우주가 자기를 주목하는 것처럼 느껴집니다. 아마 우리 모두 그때만은 우리가 의미 있다고 느끼나 봅니다. 사랑받는다고 느끼는 것입니다. 우리가 남에게 인정받으며, 우리가 이렇게 살아 있음을 남들이 소중하게 생각한다고 느끼는 것입니다. 이런 이유로 때로 사람들은 자신의 생일 파티에 대해 좀 신경증 같은 반응을 보이기도 합니다. 생일에 많은 선물과 멋진 카드를 받습니다. 카드에는 "네가 세상에 있어 참 행복하다"라고 적혀 있습니다. 이런 카드를 보며 남들이 우리 삶을 진정 소중하게 여기고 사랑해 준다는 것을 느낍니다. 우리 각자는 개인이면서 어느 정도는 지속적으로 펼쳐지는 개체인 것입니다.

여러분은 이 개체를, 숨 쉬고 심장 박동을 느끼고 소리를 듣는 그놈을 지금 당장 느낄 수 있을지 모릅니다. 이는 여러분 각자만의 독립된 개체입니다. 앞에서 말한 것처럼 우리는 지금도 계속

해서 이 개체를 먹여 살리며, 이 개체는 정말이지 놀랍고 경탄스럽고 의미 있습니다. 또 어떤 때는 이 개체가 그저 무의미하고 사랑스럽지 않으며 불필요한 존재라고 느끼기도 합니다. 이러한 느낌 때문에 고통스럽거나 심지어 우울감까지 듭니다. 뒤로 돌아가서 이 개체의 시초를 기억하는 사람들도 있을지 모릅니다. 또 어떤 사람들은 아주 어린 나이에 자의식이 생기기도 합니다. 자기 존재의 오래된 시초를 기억한다고 주장하는 사람들도 있습니다. 사람들은 대부분 서너 살 무렵 삶의 초반 시절은 기억하지만 그 이전의 일은 별로 기억하지 못합니다. 한편 이 개체가 있기는 하지만 그 개체 속에는 독립적이고 특별한 자아가 없습니다. 분명 개체는 있습니다. 우리에겐 기억이 있습니다. 어제 어딘가에 있었습니다. 우리는 삶에서 일어난 많은 일을 기억합니다. 두고두고 되새기고 싶은 기분 좋은 일도 있고 기분 나쁜 일도 많습니다. 아침에 일어나 이를 닦았고, 지금 여러분은 여기에 있습니다. 그러니 여러분의 존재라는 개체에는 이런 연속성이 있는 것입니다. 그런데도 주의 깊게 들여다보면 특별한 자아는 전혀 없습니다. 불교 전통의 가르침에 따르면 우리는 다섯 덩어리오온五蘊, 색色·수受·상相·행行·식識을 말함로 이루어져 있다고 하며, 실제로 아마 우리는 그 다섯 덩어리로 만들어진 것 같습니다. 그러니까 우리는 이 놀라운 무더기인 것입니다. 만다라mandala는 신성한 영역입니다. 우리가 스스로를 만다라로 부르면 어떨까요? 우리 자신을 많은 요소가 뒤죽박죽 이루어진 것으로 보느니 만다라로 보는 것이 훨씬 더 시적입니다. 각자 자신을 만다라로, 많은 신성한 요소로 이루어진 신성한 차원으로 보려고 노력해 봅시다. 그러니 우리는 이 살아 있는, 복잡하게 얽히고설킨 만다라입니다. 그렇기 때문에 언제든 무너져 내릴 준비가 되어 있습니다. 만약 특별한 자아가 있다면, 우리는 무너지지 않을 터입니다. 그러나 우리는 수많은 요소, 제가 이해하기로는 다섯 덩어리 이상으로 이뤄진 살아 있는 만다라이기에 어느 순간에라도 무너져 내릴 수 있습니다. 우리는 내적으로나 외적으로 언제든 무너질 수 있습니다. 우리의 실존은 항상 사라질 태세를 갖추고 있습니다. 이 만다라, 여러분의 실체인 만다라는 정말 아름답지만 또 참으로 약하기도 합니다. 여러분이 생각하는 것보다 더 취약합니다. 제가 말할 수 있는 것은 우리가 정말 아름답지만 극도로 약하다는 것입니다. 우리가 언제든 무너져 내릴 수 있다는 것을 기억하십시오. 이 만다라, 우리의 모습인 이 성스러운 우주는 언제라도 무너질 수 있습니다. 이런 것을 자각하면, 즉 우리 각자 안에 특별한 자아란 없으며 대신 우리가 이 복합적이고 아름답고 살아 있는 만다라임을 알면 매우 자유로워집니다. 마음속에 용기, 사랑, 기쁨이 생겨납니다.

　제가 최근에 선불교 선원을 찾은 적이 있습니다. 거기서 매일 새벽 4시에 일어나 온종일 명상하는 스님 세 분을 만났습니다. 한 스님은 10년 동안 날마다 아침부터 저녁까지 명상을 했다는데, 정말 인상적이었습니다. 스님들은 저를 환대하며 함께 차를 마셨습니다. 그분들은 저에 대해 무척 호기심이 많았고 나중에는 막대사탕 같은 것을 저와 나눠 먹기까지 했습니다. 한 스님이 제게 물었습니다. 공장에서는 왜 이런 막대사탕을 만들며, 사탕에 껍질은 어째서 씌운 거냐고요. 그분은 연달아 몇 가지를 저에게 물었습니다. 저는 대답했지요. 이는 매우 오래된 불교 논리, 즉 '연기법'으로 불리는 불교적 견해로 설명될 수 있다고 말입니다. 모든 것은 원인과 조건을 통해 생겨납니다. 심지어 막대사탕 하나도 많은 원인과 조건을 통해 존재합니다. 그 원인과 조건 중 어떤 것은 설명할 수 있지만 어떤 것은 제 이해를 넘어서 있기도 합니다. 그러자 그 선승이 말했습니다. "당신 답은 정답이 아닙니다. 하지만 티베트식 답변이라는 것은 알겠네요. 그렇지만 우리는 그런 식으로 대답하지 않습니다. 우리라면 '삼 삼은 구다' 이런 식으로 말할 겁니다." 그러더니 그 스님은 말하기를 "누가 깊은 알아차림을 했는지 안 했는지, 통찰이 있는지 없는지를 판별할 수 있는 방법이 있다"는 것이었습니다. 저에게 통찰이 있는지 없는지, 그것에 동의하는지 여부는 그분들이 절대 말하지 않았습니다. 왜냐하면 저 자신이 제게 그런 것이 있건 없건 괘념한 적이 없으니까요. 여러분도 아시겠지만 이 세상에는 저에게 통찰이 있는지 없는지에 대해 심지어 저보다 더 걱정하는 사람들도 있답니다.

　어떤 의미에서는 두 답이 다 맞습니다. 제가 말했던 답은 티베트불교다운 답인데, 맞습니다. 선불교다운 답도 맞습니다. 티베트불교적 답이 맞다는 것은 우리가 저마다 인간으로서, 수많은 원인과 조건을 통해 생겨난 이토록 놀라운 만다라이기 때문입니다. 우리는 많은 성스러운 구성 요소와 많은 덩어리―의식, 몸, 뼈, 살, 골수―로 이루어져 있습니다. 우리는 그 사실을 이해할 수 있습니다. 그러나 미세한 몸과 미세한 마음처럼 우리가 이해할 수 없는 일도 있습니다. 우리 각자 안에는 미세한 몸이 있습니다. 그렇지만 알아차림과 깊은 관조 속에 푹 잠기지 않으면 우리는 대부분의 시간에 그것을 알아차리지 못합니다. 알아차림과 깊은 관조에 푹 잠기면, 우리는 몸의 완전히 새로운 차원을 알아차리기 시작합니다. 이 차원을 '미세한 몸'이라고 합니다. 사람의 미세한 몸에 대해 가장 잘 이해하는 것은 아마도 탄트라불교인 것 같습니다. 사람의 미세한 몸은 우리의 조건화된 마음이 알 수 있는 분야가 아닙니다. 거친 마음은 오직 몸의 거친 수준만 알아차릴 뿐입니다. 우리는 우리 몸을 느낄 수 있고 발을 만질 수 있고 거울로 얼굴을 볼 수 있습니다. 그러나 그것은 우리 몸의 거친 수준일 뿐입니다. 우리 모두의 내면에는 온전히 미세한 에너지로 된 몸이 있습니다. 바로 그래서 저 아름다운 옛날 탄트라불교의 가르침은 상징과 언어를 발전시켰던 것입니다. 그 가르침은 인간의 미세한 몸을 묘사하기 위해 차크라chakra 미세한 몸의 정신적 에너지의 중심점, 프라나prana 인체 내부에 있는 생명력, 빈두bindu 머리 뒤쪽에 있는, 의식의 발현을 표상하는 점를 나타내는 신호들을 생각해 냈습니다. 미세한 마음도 있습니다. 다시 한번 말하지만, 조건화된 마음은 미세한 마음을 알아차리지 못합니다. 조건화된 마음은 우리 자신의 성스러운 요소들을 많이 알아차리지 못합니다. 그래서 거듭 말하거니와 우리 각자는 이 놀랍고 복잡하고 정말로 경이로운 살아 있는 만다라, 신성한 요소가 많이 깃든 만다라입니다. 모든 사람은 수많은 꽃받침을 지닌 연꽃송이와 같고, 수많은 면을 지닌 다이아몬드와 같습니다. 이 얼마나 놀라운가요.

그러니까 우리는 선하지도 악하지도 않습니다. 이 성스러운 만다라, 살아 있는 만다라와 같은 여러분의 존재는 헤아릴 수 없이 많은 고귀하고 평범한 원인과 조건을 통해 생겨난 것입니다. 그러니 티베트의 불교들은 절대로 옳습니다. 그러나 그 선불교 스님의 말씀도 역시 옳습니다. 궁극적으로 우리는 우리가 누군지 모릅니다. 우리는 각자 커다란 수수께끼입니다. 우리는 우리가 누군지, 왜 여기 있는지 결코 이해하지 못합니다. 우리가 어디서 왔는지, 어디로 가는지 결코 모릅니다. 그러니까 우리가 이해한 것들

여러분의 모든 신경증을 사랑하십시오.

모든 불완전함을 사랑하십시오.

여러분의 두려움과 성냄을

사랑하는 법을 배우십시오.

언제나 그런 것들을 알아차리십시오.

그러면 그것들은 저절로 스러질 것입니다.

모두를 놓아 버려야 합니다. 때로는 우리 자신의 개체, 우리 자신의 '있음'이라는 커다란 불가사의를 온전히 받아들이기 위해 일어나는 여러 마음을 놓아 버려야 하는지도 모릅니다. 그런 관점에서 보면 우리는 선하지도 악하지도 않습니다. 우리는 사랑스러운 존재도 밉살스러운 존재도 아닙니다. 완전하지도 불완전하지도 않습니다. 우리가 날마다 겪는 이 체험 모두―자신을 좋아하는 것, 자신을 좋아하지 않는 것―가 그저 마음의 장난일 뿐입니다. 그런 경험들은 우리의 참모습과는 아무 상관이 없습니다. 우리는 의미 있는 존재도 의미 없는 존재도 아닙니다. 제가 말할 수 있는 것은 이 놀라운 개체, 이 살아 있는 만다라가 마치 강과 같다는 것입니다. 강은 때로 얼어붙기도 하고 때로는 보기 좋게 흘러가기도 합니다. 보통 사랑은 여러분의 존재를 녹이고 두려움은 여러분의 존재를 얼어붙게 합니다. 그러니까 사랑과 두려움은 여러분이 겪을 수 있는 것 중에 가장 강력한 체험입니다. 달리 말하자면 여러분의 체험 중 거의 전부가 어찌 보면 사랑이나 두려움이라는 범주에 들어간다고 할 수 있습니다.

우리는 누구나 마음속에 두려움, 무너져 내리면 어쩌나 하는 두려움이 있습니다. 그 두려움이 불안감으로 변합니다. 불안감은 때로 폭력, 성냄, 미움, 의심이 됩니다. 그 두려움이 우리의 모든 신경증의 바탕 노릇을 합니다.

그때 사랑이 우리를 녹여 줍니다. 때로 사랑은 대상이 있습니다. 우리 자녀들, 이 세상, 우리 자신 같은 대상입니다. 그리고 대상 없는 사랑도 있습니다. 어떤 사람들은 그것을 신神의 사랑이라고 부릅니다. 그것은 가장 높은 수준의 사랑, 대상 없는 사랑입니다. 그런 사랑을 느낄 때 우리의 온 존재가 그 사랑이 되고 몸속의 통로들이 열리기 시작합니다. 우리는 몸을 우리 정신성으로 갖고 들어가야 합니다. 몸은 배척받아서는 안 됩니다. 깨달음, 전환, 치유, 우리가 열망하는 그 무엇이든 몸을 정신성으로 갖고 들어오지 않고는 아무것도 경험할 수 없습니다. 그러므로 몸 안에 치유가 있습니다. 몸 안에 깨달음이 있습니다. 우리는 몸을 치유하지 않고는 치유될 수 없습니다. 우리가 그 신성한 사랑이 될 때, 몸은 말 그대로 녹기 시작합니다. 통로들, 그 안의 차크라들이 열리기 시작합니다. 그러면 우리는 더욱 더 사랑과 용기를 느낍니다. 이 신성한 사랑을 느끼면 마음이 녹기 시작하고 마음속의 온갖 매듭이 풀립니다. 마음속에는 엄청나게 많은 매듭이 있습니다. 우리가 그리도 집착하는 믿음 체계, 사고 유형들이 마음속 매듭입니다. 그런 매듭이 우리를 옭아매고 가두고 고문합니다. 자유와 평화에서 멀리 떨어져 있게 합니다. 제가 말하는 이런 사랑은 우리의 꽁꽁 얼어붙은 마음과 매듭지어진 마음을 녹이는 순수한 체험입니다.

이 참된 사랑은 하나됨의 느낌, 즉 우리가 우주와 하나라는 느낌이 아닙니다. 진정한 사랑은 모든 것을 포용합니다. 아무것도 내치지 않습니다. 제가 말하는 이 사랑은 우리가 키워 갈 수 있는 사랑입니다. 이 사랑을 키워 가는 방법론이 많습니다. 우리가 부를 수 있는 아름다운 노래들이 있습니다. 읊을 수 있는 심오한 시구들이 있습니다. 우리가 이 사랑을 키워 갈 방법으로 직접 할 수 있는 명상이 있습니다. 조만간 우리는 우리가 이 순수한 사랑, 대상 없는 사랑이 됨을 느낍니다. 붓다는 스스로 이 대상 없는 사랑이 되었습니다. 그분은 늘 사랑입니다. 그래서 여러분 자신의, 이 살아 있는 만다라의 정수는 순수한 사랑입니다. 여러분 존재의 정수가 순수한 사랑입니다. 강의 본성은 아름다운 흐름입니다. 비록 가끔씩 얼어붙기도 하지만 말입니다.

여러분 존재의 정수가 참다운 사랑임을 진정으로 깨달으려면 스스로에 대해 알아야 합니다. 스스로에 대한 앎이란 자기 자신을 정직하고 완벽하게 이해하는 것입니다. 그것은 여러분의 한계와 신성함을 다 알아차리는 것입니다. 여러분은 이미 신성을 지니고 있다는 것, 자신에게 용기와 사랑이 있다는 것을 압니다. 너그럽고 마음이 열려 있다는 것도 스스로 압니다. 때때로 다른 모든 이의 행복을 위해 스스로를 내어 줄 수 있다는 것도 알고 있습니다. 여러분이 스스로의 신성함을 사랑하기란 어려운 일이 아닙니다. 동시에 여러분에게는 한계도 있습니다. 두려움, 불안, 이기심 같은 것이 그런 한계입니다. 일단 이런 한계를 알아차리면, 그 한계들을 악마처럼 대하거나 처단하려 하지 마십시오. 여러분의 불완전한 점을 악마로 취급하면 필경 점점 더 얼어붙을 것입니다.

일단 여러분이 자신의 거친 신경증과 미세한 신경증을 알아차리면, 그것들을 사랑하십시오. 여러분의 모든 신경증을 사랑하십시오. 모든 불완전함을 사랑하십시오. 여러분의 두려움과 성냄을 사랑하는 법을 배우십시오. 언제나 그런 것들을 알아차리십시오. 그러면 그것들은 저절로 스러질 것입니다. 전혀 힘들이지 않아도 저절로 계속 해체될 것입니다. 시간이 감에 따라 여러분은 점점 더 얼어붙은 만다라가 아닌 이 녹아드는 살아 있는 만다라가 됩니다. 점점 더, 낙원인 이 세상과 이어져 있다는 느낌이 들 것입니다. 완전한 낙원이 아니라, 불완전한 낙원입니다. 마침내 여러분은 존재하는 모든 이와 모든 것을 사랑하게 될 것입니다.

제8장

가슴에 박힌
가시를 뽑다

용서, 홀가분해지는 수행

용서하면 마음이 가벼워집니다.

용서는 인간의 조건을

이해하는 데서 옵니다.

우리에게 해악을 끼친 사람들의

업, 배경, 고통, 망상을 이해하는 것입니다.

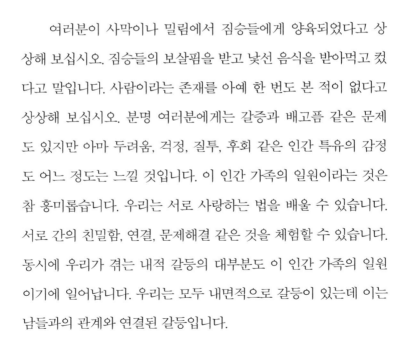

　여러분이 사막이나 밀림에서 짐승들에게 양육되었다고 상
상해 보십시오. 짐승들의 보살핌을 받고 낯선 음식을 받아먹고 컸
다고 말입니다. 사람이라는 존재를 아예 한 번도 본 적이 없다고
상상해 보십시오. 분명 여러분에게는 갈증과 배고픔 같은 문제
도 있지만 아마 두려움, 걱정, 질투, 후회 같은 인간 특유의 감정
도 어느 정도는 느낄 것입니다. 이 인간 가족의 일원이라는 것은
참 흥미롭습니다. 우리는 서로 사랑하는 법을 배울 수 있습니다.
서로 간의 친밀함, 연결, 문제해결 같은 것을 체험할 수 있습니다.
동시에 우리가 겪는 내적 갈등의 대부분도 이 인간 가족의 일원
이기에 일어납니다. 우리는 모두 내면적으로 갈등이 있는데 이는
남들과의 관계와 연결된 갈등입니다.

최근에 저는 일주일간 명상 집중수행을 이끌었습니다. 매일 한 집단의 사람들과 이야기하고 또 개인별 만남도 가졌습니다. 사람들은 마음속 가장 깊은 곳에 있는 비밀, 상처, 아픔을 저와 나누며 매우 마음이 놓이는 듯했습니다. 그분들은 제 앞에 모든 것을 쏟아 놓았습니다. 감추었던 것을 공유하고 소리 내어 말하는 것에는 힘이 있습니다. 저는 놀랍게도 우리의 아픔과 고통 대부분이 타인과의 관계에서 생긴다는 것을 배웠습니다. 관계는 우리 부모, 어렸을 때 가까웠던 사람들과 시작됩니다. 다른 사람들과의 체험에서 우리는 미움, 후회, 시기심을 느낍니다. 자신을 남들과 비교하며 때로는 으쓱하고 때로는 죄의식, 수치, 자기혐오를 느낍니다. 내면을 들여다보면 우리 모두 어느 정도는 상처, 아픔, 괴로움, 자기혐오를 지니고 있습니다. 그런 것들은 모두 인간 세상과의 관계에서 생겨납니다. 때로 우리는 어떤 내적 갈등과도 직접 접촉하지 않습니다. 우리 자신의 아픔, 성냄, 자기혐오와도 닿아 있지 않습니다.

　　붓다의 말씀 중에, 갈등 속에 갇힌 사람들을 보고 마음이 흔들렸다는 이야기가 있습니다. 그러나 자세히 검토해 보면 붓다는 보기 힘든, 사람들 가슴 깊이 박힌 가시를 본 것입니다. 붓다는 갈등에 사로잡힌 사람들을 보고 마음이 아팠던 것이고, 우리 또한 지금 이 시대에 그런 사람들을 봅니다. 이 세상에는 수많은 전쟁

이 터지고 있고, 우리는 그런 전쟁에서 멀리 주의를 돌릴 수가 없습니다. 또 폭력과 불의도 있으며 믿을 수 없을 만큼 많은 심신의 고통이 있습니다. 그러니 때로 심란함과 절망을 느끼는 것이 너무나도 이해됩니다. 때로 우리는 세상의 다른 쪽에 사는 인간 형제자매를 생각합니다. 또 가족이나 자신에게서 고통을 보기도 합니다. 기억하십시오. 붓다는 잘 보니 가시가 보였다고 했습니다. 가시, 이것은 매우 강력한 비유입니다. 붓다는 말했습니다. 가시는 우리 마음속에 박혀 있다고. 또 그것을 보기는 매우 힘들다고 했습니다. 우리 마음속에 수많은 가시가 박혀 있습니다. 주의 깊게 보고 마음을 고요히 평정하고 주의를 온전히 안으로 기울여 마음이 지르는 소리들과 마음의 아우성을 듣지 않으면 잘 보기 힘듭니다. 어쩌면 여러분 안에도 가시가, 성냄과 후회의 가시가 있다는 것을 인정할 것입니다.

이런 것을 염두에 두고, 저는 용서에 관한 아름다운 수행을 나누고 싶습니다. 이런 마음 수행은 우리에게 이로울 것입니다. 용서하면 마음이 가벼워집니다. 용서는 마음에 박힌 가시를 뽑을 수 있습니다. 어떻게 용서할지 모른다면 우리는 마음속에 가시가 박힌 채 남은 인생을 부질없이 빙빙 돌다 말 것입니다. 설령 그 가시를 알아차리지 못하더라도 거기서 오는 아픔을 느낍니다. 그리고 그 아픔은 우리 삶에 이모저모로 영향을 주고 그 빛깔을 바꾸

자신을 포함한 모든 이를

용서할 수 있다면

순수한 기쁨, 순수한 사랑, 순수한 자유를

느낄지도 모릅니다.

날마다 생의 가장 좋은 시절이라고

느낄 수 있을 것입니다.

어 놓습니다. 사람들, 세상과의 관계도 그에 따라 색깔이 정해질 것입니다. 저 자신의 마음을 들여다보고는 제가 용서를 연습해야 할 중대한 이유가 있다는 것을 알았습니다. 살면서 용서해야 할 사람이 많다는 걸 깨닫고 있지요. 이것은 아름다운 개안開眼입니다. 부정적이거나 낙담하게 만드는 깨달음이 아닙니다. 티베트 사람으로서 저는 이 생에서 많은 사람을 용서해야 한다는 것을 압니다. 용서라는 생각은 회한이나 성냄에 매달리는 것보다 사람을 훨씬 홀가분하게 합니다. 마찬가지로 여러분 자신을 잘 들여다보면, 완전히 솔직하고 용기 있게 들여다본다면 이런 가시들이 많이 보일 것입니다. 여러분이 용서해야 하는데도 아직 용서하지 않은 사람들이 여기저기 무리 지어 많이 있다는 것을 알게 될 것입니다. 부모, 친척, 친구들, 인류를 용서해야 할 수도 있습니다. 여러분은 남성의 세계를, 여성의 세계를 용서해야 할 수도 있습니다. 아니면 스스로를 용서해야 할지도 모릅니다. 결정적으로 인류를 용서해야 합니다. 왜냐하면 인간들은 그간 서로에게 매우 파괴적이었으니 말입니다.

　그러나 용서란 정말 쉽지 않습니다. 어떤 신적인 혹은 영원한 보상이 없을 때 용서하기란 참으로 쉽지 않습니다. 여기서 저는 말합니다. 여러분이 용서한다면 신의 용서나 영원한 용서 같은 것은 없겠지만 그건 여러분이 이제껏 살면서 경험한 일들 중에서 가장 홀가분한 것이 될 것이라고. 용서는 인간의 조건을 이해하는 데서 나옵니다. 우리 각자가 어디서 왔는가를 이해하는 데서 말입니다. 우리에게 해악을 끼친 사람들을 이해하는 것. 그들의 업, 배경, 고통, 망상을 이해하고 누구에게도 악은 없음을 깨닫는 것입니다. 인간 안에 악이란 없습니다. 결국 누구도 다른 이들에게 일부러 상처를 주지는 않습니다. 비록 때로 일부러 주는 상처를 받은 것처럼 느낄 수 있지만 말입니다. 모든 이는 완전히 알아차리지 못한 채 서로서로 상처를 주는 것입니다. 그러니까 우리는 우리 자신의 망상, 신경증에 지배받고 있습니다. 때로 우리에게 필요한 것은 이러한 이해뿐입니다. 이렇게 이해하면 세상에 용서하지 못할 사람이 없습니다. 여러분이 남의 가슴속을 들여다보는데 그 가슴이 상처투성이라고 상상해 보십시오. 여러분이 마음을, 남의 의식을 들여다보는데 그 마음에 구름이, 혼란의 구름이 끼어 있다고 상상해 보십시오. 가슴에 가시가 박힌 채로 돌아다니는 한 우리는 언제나 괴로울 것입니다. 은밀히 소리 없이 고통을 겪을 것입니다. 우리 자신의 아픔을 알아차리지 못할지도 모릅니다. 물론 그러면서도 파티에 가고 맛있는 음식을 먹고 음악을 연주합니다. 그럴 수 있습니다. 매일 하는 일을 분주하게 하겠지만 그래도 소리 없는 아픔은 있을 것입니다. 여러분 모두가 계속 마음속으로 들어가서 마침내 이 해묵은 가시들을 모두 발견할 때까지 계속 찾아보라고 부탁하고 싶습니다. 기억하십시오. 붓다는 그 가시들이 쉽게 보이지 않는다는 걸 잘 생각하라고 했습니다. 이 가시들 중 몇 개를 빼 버릴 수 있다면 여러분은 옛 스승들, 특히 선사들이 표현한 바 있는 형언할 수 없는 자유와 기쁨을 맛볼 것입니다. 중국의 이름난 선 스승인 무문 혜개無門慧開 1183~1260. 중국 남송시대의 선승으로 중요한 화두 48가지를 선별해『무문관』을 편찬함 선사는 이런 게송을 읊었습니다.

봄의 만 가지 꽃들 가을의 달
여름의 서늘한 바람 겨울의 눈
이 모든 쓸데없는 것들이 구름처럼 그대 마음을 가리지
않으면
이것이 그대 인생에서 최상의 계절이로다.

여러분은 생에서 가장 좋은 시절을 살고 있습니까? 이를 날마다 체험하고 있습니까? 매일 아침? 매일 오후? 매일 저녁? 어떻게 하면 여러분 마음이 기쁨과 지극한 행복에 취하게 할지 그 방법을 알고 있습니까? 어제 여러분의 마음이 지극한 행복에 취해 있었다는 확실한 기억이 있습니까? 이번 주 어느 때 여러분의 마음이 아무 이유 없이 행복에 취했는지 기억합니까? 순수한 기쁨,

순수한 사랑, 순수한 자유를 지난 열흘 동안 적어도 한 번이라도 느껴 보았습니까? 만약 여러분이 자신을 포함한 모든 이를 용서할 수 있다면 이러한 기쁨을, 이 조건 없는 자유를 느낄지도 모릅니다. 날마다 생의 가장 좋은 시절이라고 느낄 수 있을 것입니다. 마음속에 더 이상 가시가 없으면 아마도 여러분이 체험하는 유일한 것이 항상 이 순수한 기쁨일 것입니다. 여러분은 매 순간 사랑에 빠질 것입니다. 모든 것, 자연과 매 순간 나타나는 이 셀 수 없이 많은 경이로운 일과 사랑에 빠질 것입니다.

한번은 어느 학자가 은둔 수행처에 사는 료칸良寬 1758~1831, 일본 에도시대 후기의 고승으로 가인歌人, 화가로도 유명 선사를 찾아갔습니다. 두 사람은 몇 시간 동안 철학, 문학, 예술, 시를 이야기했습니다. 어느 시점에 료칸 선사는 그 학자에게 사케正宗를 마시러 나가겠다고 말했습니다. "돌아와서 다시 우리의 즐거운 대화를 이어 나갈 수 있을 거요." 선사는 자리를 떴습니다. 몇 시간이 지나도 돌아오지 않았습니다. 학자는 필시 그에게 무슨 끔찍한 일이 일어났나 보다 싶어서 찾으러 갔습니다. 은둔 수행처를 막 벗어나니 바로 거기 선사가 앉아 아주 재미있다는 듯 달을 쳐다보고 있었습니다. 학자가 말했습니다. "몇 시간 동안 안 돌아오셨지요. 알고 계십니까? 스님께 무슨 끔찍한 일이라도 일어난 줄 알았잖습니까." 선사는 태연히 말했습니다. "그대는 마침 때맞춰 여기 왔군요. 하늘을 보시오. 달이 얼마나 휘영청 밝은지." 학자가 말했습니다. "예, 달이 밝긴 하네요. 그런데 사케는 어디 있나요?" 선사가 대답했습니다. "오 그렇지, 사케. 미안하오. 당신 것도 좀 가져다준다는 걸 깜박 잊었군요." 그러더니 일어서서 어디론가 갔습니다. 학자는 이 상황이 재미있으면서도 헷갈렸습니다.

아마 우리는 이 위대한 선사의 의식을 체험할 수 있을 것입니다. 우리 가슴속의 가시들을 모두 빼낼 수만 있다면 아침부터 저녁까지 모든 것에 완벽하게 매혹을 느낄 수 있을 것입니다. 물론 화가 날 때도 있습니다. 절대 화를 내지 말라는 얘기가 아닙니다. 속상하고 슬프고 화날 때도 있겠지요. 하지만 바로 지금 우리가 매달리는 쓸데없는 일들도 있습니다. 우리는 성냄과 후회에 오랫동안 매달릴 수 있습니다. 그것을 보내 버릴 수 있습니까? 이 물음 그리고 이와 비슷한 물음들은 매우 강력할 수 있습니다. 강력합니다. 이런 물음들을 마음 수행으로 여길 수 있습니다. 물론 이런 물음은 적절한 순간에 던져야겠지요. 때때로 마음이 준비되어 있고 열려 있으면 여러분은 그저 이 강력한 물음을 스스로에게 던지기만 하면 됩니다. 아마도 여러분은 수십 년 동안 지녀 온 가시를 뽑아낼 수 있을 것입니다. 단번에 무거운 짐을 떨쳐 버릴 수 있을 것입니다.

자기를 용서하는 일부터 시작하면 됩니다. 자신을 용서하는 것은 힘을 불어넣는 일의 한 형태입니다. 진정한 '아비셰카 abhisheka'입니다. 아비셰카란 힘을 충전하는 탄트라밀교 의식입니다. 스스로에게 궁극적 붓다로서, 관세음보살이나 타라 보살_{관세음보살의 여성적 표상}로서 위신력을 불어넣는 의식입니다. 그것은 참된 힘을 주는 의식입니다. 이런 힘을 여러분에게 베푸는 탄트라 스승 같은 존재는 없습니다. 여러분이 스스로에게 이 힘을 불어넣는 것입니다. 전적으로 자신을 용서할 때 자신을 받아들이는 방법을 알게 됩니다. 그러면 자신을 열렬히 사랑하게 될 것입니다. 이 힘을 스스로에게 불어넣게 될 것입니다. 그러면 자신에게 무한한 자애의 화현化現인 관세음보살의 화관을 씌우게 될 것입니다. 끝없는 연민의 화현인 타라 보살의 화관을 씌우게 될 것입니다.

제9장

지금 재미있게
살고 있습니까?

움켜쥐지 않는 연습

재미있게 사는 비결은
움켜쥐지 않는 것입니다.
'내 집' '내 차' '내 은행계좌'에
집착하지 않는 것입니다.
두려움, 걱정, 분노 같은 감정을
움켜쥐지 않는 것입니다.

그리 오래전 일은 아닌데, 독일에서 온 어떤 여자분이 저에게 이런 말을 하더군요. 산 넘고 물 건너 미국까지 온 목적은 어느 티베트 라마를 만나기 위해서였다고요. 알고 보니 그 라마는 제 친구였습니다. 얼마 전에 세상을 떠난 친구지요. 그 여자분은 인생의 중요한 문제들의 답을 찾으려고 이 라마를 만나러 온 것이었습니다. 그분은 잔뜩 기대를 품고 있었습니다. 제 친구는 상당히 이국적인 모습을 하고 있었지요. 머리에 터번을 두르고 남다른 옷을 입었습니다. 어느 날 그 라마가 묻더랍니다. "사는 게 재미있나요?" 이는 그다지 심오한 질문이 아니었으므로 상대에게는 일종의 도발처럼 들렸습니다. 그분은 속으로 생각했답니다. "이 사람은 너무 캘리포니아 스타일이군." 이쪽 세계에서 캘리포니아 사람들은 그저 재미밖에 모른다는 소문이 떠돌았거든요. 물론 그 라마가 이 질문을 던졌을 때는, 가벼운 의미에서 그녀가 요즘 재미를 보는지 물은 것이 아닙니다. 그는 이 질문을 완전히 다른 관점에서 한 것입니다. 많은 사람, 특히 정신적 구도자들은 그저 재미있게 사는 데는 관심이 없습니다. 그들 중 대다수는 절대적 열반 같은 원대하고 숭고한 개념을 추구합니다. 아시다시피 열반 자체에 대해서도 상충되는 이론이 많은데, 이건 좋은 소식이 아닙니다. 어떤 사람들은 열반이 일단 이루어 내면 영원히 지속되는 끝없는 성취라고 생각합니다. 열반이 마치 하늘처럼 영원히 그 자리에 있다고 생각하지요. 또 어떤 사람들은 열반이 가끔씩 체험할 수 있는 깨달음 같은 것이라고 생각합니다. 이 두 가지가 열반에 대한 상충된 이론입니다. 많은 사람이 영원한 성취를 좀 더 얻어 내려고 열반을 찾습니다. 그것을 얻기 위해 숱한 노력을 바치는 사람이 많습니다. 그러한 영원한 성취가 있다는 것을 저는 부정하지 않습니다. 제 이야기를 곡해하지 마십시오. 열반에 관해 많은 이론이 있는 것 같다, 제 얘기는 이게 전부입니다. 여러분 중 몇 분이나 열반을 추구하는지 저는 확실히 모릅니다. 젊은 세대는 열반 추구에 그리 큰 관심이 없는 것 같습니다. 그러나 동양으로 가면 당장 오늘이라도 믿을 수 없을 만큼 정신적으로 공력을 들이면서 그냥 열반만이 아니라 브라만과 하나 되기, 신과 영원히 합일하기 등 영원한 성취로서의 열반을 얻으려는 사람을 수없이 보게 될 것입니다.

저는 영원한 성취로서의 열반 혹은 신성한 깨달음 같은 것으로서의 열반을 얘기하려는 것이 아닙니다. 제 친구였던, 이제는 세상을 떠난 이 멋진 티베트 라마는 특별한 재능이 있었습니다. 그럴 듯한 말과 개념이 숱하게 끼어들어 덫을 놓는 것을 단칼에 잘라 버리는 재주가 있었던 겁니다. 그는 아주 단순하고, 아주 인간적인 얘기를 하곤 했는데 그것이 정말 완벽히 말이 되는 얘기였습니다. "사는 게 재미있나요?"라는 질문처럼 말입니다. 저는 이 질문을 여러분께 소개하고 있습니다. 지금 삶이 재미있습니까? 이 세상 사람들 대부분이 재미있게 살지 못합니다. 여기서 재미있게 산다는 것은 술에 취하고 파티만 찾아다니면서 흥겹게 산다는 의미가 아닙니다. 관능적 쾌락과 위험한 스포츠에 푹 빠진다는 뜻도 아닙니다. 이 말은 비록 아주 가벼운 말처럼 들리지만, 실은 그보다 훨씬 더한 무엇입니다. 사람들 대부분은 가슴속에 무게를 느끼고 있습니다. 매일의 삶이 고달프다는 느낌입니다. 일상생활에서 아무 기쁨도 떨림도 성스럽다는 느낌도 찾지 못합니다. 이처럼 나날이 살아가는 고달픔은, 음식을 해 먹고 이부자리를 정리하고 잔디를 깎고 똑같은 사무실에 나가고 천편일률적인 생각을 하는 등 반복되는 일들로 규정됩니다. 집 청소를 한다고 생각해 보십시오.

마룻바닥을 빗자루로 쓸어 낸다고 말입니다. 그저 빗자루로 바닥을 쓰는 게 그리 즐거운 일이 될 수 있을까요? 바닥을 비로 쓸면서 빗자루를 들고 춤을 추고 노래 부르는 자신의 모습을 상상할 수 있습니까? 빗자루를 들고 춤을 추는 사람은 그리 많지 않을 것입니다. 빗자루를 들고 춤을 추면 멋질 겁니다. 고달픔과 무의미함을 느끼는 대신 춤을 추다니 사랑스러운 모습 아닙니까? 바닥 청소 같은 일상의 고역에서 성스러움, 경이로움, 헌신의 감정을 느끼고 빗자루를 든 채 춤추고 노래하는 것, 어떻습니까?

이 몸을 지니고 살고 싶지 않다고 느끼는 사람이 많습니다. 자기 몸에서 벗어나고 싶다고 주기적으로 느껴 본 경험이 있습니까? 여러분의 몸과 조화를 이루고 편안함을 느끼지 못한 경험이 있습니까? 몸속에 아픔과 화가 쌓여 이 몸이 장애물이고 고역이고 짐이라는 경험을 한 적이 있습니까? 이렇게 사람 몸으로 사는 것이 시궁창 같다고 느끼고 있습니까? 물론 건강이나 노화로 문제를 겪을 때는 사람 몸으로 태어나 살아가는 것이 버거운 장애물처럼 느껴질 법도 합니다. 그러나 이런 도전들이 없다 해도 어떤 사람들은 소리 없이 몸으로 고통을 느낍니다. 존재에서 기쁨과 행복을 느끼지 못합니다. 한마디로 '재미가 없는' 것입니다. 그러니까 여기서 재미가 있다는 말은 스스로를 완전히 즐길 수 있고 이 몸으로 태어난 것을 즐길 수 있다는 뜻입니다. 존재의 핵심에서 그 기쁨을 느끼는 것이 사람들 다수에게는 좀 특이한 일로 보입니다. 스스로를 빗자루를 든 채 춤을 추는 사람이라고 상상해 보십시오. 사람들은 참 이상하다고 볼 것입니다. 만약 여러분이 선거에 입후보한다면 아마 절대 당선되지 못할 것입니다. 반대 진영 사람들이 여러분이 빗자루를 들고 춤추는 사진들을 보이며 돌아다니겠지요. 그러면 사람들이 여러분을 너무 감성적이고 순진한 사람으로 여기기 때문에 선거에서 당선되지 못할 것입니다.

'재미있습니까?'는 강력한 물음입니다. 어떤 전통에서는 스승이 제자에게 질문을 합니다. 여기서 저는 여러분을 제자로 보고 스승 노릇을 하는 것이 아닙니다. 여러분에게 사는 게 재미있느냐고 묻는 것입니다. 이 몸으로 태어나 살아가면서 조화와 참된 평온을 느끼고 있습니까? 여러분 몸이 스스로 머물고 싶은 성전이나 사원이라는 느낌이 듭니까? 여러분 몸이 머물고 싶은 곳, 노래하고 싶은 곳, 성스러움과 은총에 폭 안기는 느낌이 드는 그런 곳입니까? 불교의 많은 옛 스승은 이 세상을 '아카니쉬타Akanishta 산스크리트로 '위없는 곳'이라는 뜻으로 금강승에서는 보살이 마침내 불성에 이르는 장소를 의미함', 즉 최상의 낙원이라고 말한 바 있습니다. 이 세상이 그냥 낙원도 아니고 모든 낙원 중에서도 가장 위에 있는 낙원이라는 것입니다. 여러분은 최상의 낙원에 산다는 느낌이 듭니까? 어떻게 재미있게 살지 안다면 머지않아 자신의 몸이 성스러운 사원임

'사는 게 재미있습니까?'는
강력한 물음입니다.
재미가 있다는 말은
스스로를 완전히 즐길 수 있고
이 몸으로 태어난 것을
즐길 수 있다는 뜻입니다.
존재에서 기쁨과 행복을
느끼는 것입니다.

을 느낄 것입니다. 그리고 이 세상이 최상의 낙원임을 느낄 것입니다. 그렇지만 우선 어떻게 하면 재미있게 사는 건지 알아야 합니다. 잠시 열반은 잊고 어떻게 재미있게 살지를 배워봅시다.

요즘은 저를 찾아오는 분들이 열반에 대해 묻지 않습니다. 사람들은 종종 자신들이 겪는 문제를 말하거나 명상 집중수행에 가서 앉는지 혹은 집에서 앉는지, 그런 얘기들을 합니다. 사람들은 자기 경험을 얘기하기를 좋아합니다. 종종 마음속의 찌푸림, 속 좁음에 대해 얘기합니다. 저는 많은 사람이 그와 반대되는 상태를 체험했으면 합니다. 마음이 넉넉하고 열려 있고 널리 확장되는 기분을 맛볼 수 있었으면 합니다. 일단 마음이 찌푸려지면 재미있게 살 줄 모릅니다. 그러나 일단 마음속이 눈 녹듯 녹아내리고 넉넉하면 재미있게 사는 방법을 알게 됩니다. 그러면 우리 몸과 존재가 성스러운 사원이며 우주는 최상의 낙원이라는 깨달음과 체험에서 오는 순수한 기쁨을 느낄 수 있습니다. 마음속으로 들어가 그 안에서 찌푸리고 있는지 아닌지 알아보라고 여러분께 권하고 싶습니다. 찌푸린 상태를 윤회라 부를 수 있습니다. 완전히 녹은 상태를 열반이라 할 수 있습니다.

이제 여러분은 고개를 갸우뚱할지 모르겠습니다. 스스로 해동하고 녹아내리고 마음이 넉넉해지고 널리 확장되게끔 하는 무슨 비결이라도 있는지 말입니다. 비결이 하나 있지만 새로운 것은 아닙니다. 아주 오래된 비결입니다. 그것은 아무것도 거머쥐지 않는 지혜입니다. 아시다시피 동양에는 '마라'라는 개념이 있습니다. 이 '마라'의 개념은 동양의 거의 모든 가르침에서 다 찾아볼 수 있습니다. 글자 그대로 하면 '마라'는 여러분의 삶을 엉망진창으로 만들고 재미있게 살지 못하게 하는 힘을 뜻합니다. 저는 '마라'를 그렇게 해석합니다. '마라'는 여러분에게 마술을 걸어 어떤 무시무시한 영역으로 보내 버리는 어두운 힘 같은 것이 아닙니다. 그런 것보다는 여러분의 마음속을 얼어붙게 만들어 재미있게 살지 못하게 하는 힘입니다. 이 '마라'는 우리 모두의 내면에 있습니다.

티베트불교의 쬐Chöd 번뇌와 업, 아상을 완전히 소멸하고 완전한 자비를 구현하는 지혜를 얻기 위한 수행 전통에는 네 가지 마라, 즉 네 가지 장애의 힘이 있습니다. 형상에 집착하는 악마, 형상 없음에 집착하는 악마, 즐거움에 집착하는 악마, 개념에 집착하는 악마입니다. 거머쥐는 것은 악마와도 같습니다. 여기서 악마란 단지 비유일 따름입니다. 우리는 말 그대로의 악마를 얘기하는 것이 아닙니다. 보통 악마는 그림자처럼 도망칠 수 없게 늘 여러분을 따라다니는 힘입니다. 때로 여러분은 악마를 자신의 일부로 느끼며 어떤 때는 악마가 자신과 따로 떨어져 있다고도 느낍니다. 하지만 악마는 항상 어딜 가든 여러분을 따라다닙니다. 파티에도 따라가고 명상을 하러 지하 동굴에 들어가도 따라갑니다. 그러나 악마의 집은 찾을 수 없습니다. 악마는 워낙 그렇습니다. 하지만 여기서 악마는 밖에 있는 것이 아닙니다. 악마란 은유일 뿐입니다.

그러니까 움켜쥐려는 성향이 바로 악마와 같습니다. 그 성향은 그림자처럼 늘 여러분을 따라다닙니다. 여러분을 옭아맵니다. 옭아매어 고통스럽게 합니다. 이 비유에서 첫 번째 악마는 형상을 꽉 움켜쥡니다. 우리의 소유물, 우리 집, 우리 재산, 우리 옷이나 차, 우리의 관계, 이런 형상에 대한 집착입니다. 우리는 소유물에 매우 집착할 수 있습니다. 그런 것들에 너무 집착하다 보니 자신을 그것과 동일시하기도 합니다. 우리의 소유물은 우리 자신의 또 하나의 확장이 됩니다. 바로 그래서 우리는 '내 집' '내 자동차' '내 계좌'라고 말하는 것입니다. 여러분이 중년의 위기를 겪는 중인데 멋진 스포츠카를 한 대 사고 싶다고 상상해 봅시다. 그러면 갑자기 자기가 바로 그 차와 동격인 듯한 느낌이 듭니다. 자기가 대단히 멋지다고 느낍니다. "비록 나이는 40대지만 나를 좀 봐. 난 쿨하고 멋지잖아. 빨리 달릴 수 있고 모든 사람의 감탄을 두루 받을 수 있어." 여기 있는 많은 분이 중년의 위기를 겪고 있습니다. 여러분이 스포츠카에 올라탈 때, 아무도 쳐다봐 주지 않습니다. 머리가 하얗거나 얼굴에 주름이 자글자글해도 사람들 눈에는 보이지 않습니다. 그런데 근사한 스포츠카를 탄 여러분은 그런 것을 모두 감출 수 있고, 갑자기 놀랍고 정말 인상에 남는 존재가 됩니다. 여러

분이 그 차를 주차하고 시승을 기념하는 식사를 하러 식당에 들어
간다고 상상해 보십시오. 그런데 사고로 어떤 사람이 그 차를 받아
차가 움푹 찌그러졌습니다. 식당에서 나온 여러분은 찌그러진 차
를 보고 폭삭 무너집니다. 누군가 자신의 에고를 손상했다는 느낌
이 듭니다. 누군가가 여러분의 자아 이미지를 훼손한 것입니다.

　　이 이야기는 우리가 소유물에 얼마나 집착하는지에 관한 하
나의 예입니다. 우리의 움켜쥠이 악마가 됩니다. 바깥 것에 대한
우리의 강박관념이 악마가 됩니다. 그 악마는 마음속을 얼어붙게
합니다. 안절부절못하게 합니다. 우리를 이기적으로 만듭니다. 여
러분이 살면서 물건을 소유하는 즐거움을 누려서는 안 된다는 이
야기가 아닙니다. 멋진 차를 가져도 좋습니다. 아무 문제될 것이
없습니다. 멋진 집을 소유할 수도, 근사한 옷을 입을 수도 있습니
다. 그런 것들에 사로잡히지 않는 한 아무 문제없습니다. 그런 것
들을 여러분이 누군지 규정하는 데 쓰지만 않는다면 말입니다.

　　인간관계 영역에서도 이것은 마찬가지입니다. 많은 관계를
갖는 것은 전혀 문제될 것이 없습니다. 인간관계를 보는 많은 시
각이 있습니다. 관계란 놀랍고 멋진 것이 될 수 있습니다. 어떤 사
람들에게는 관계가 마음을 닦는 길과 마찬가지로 동류의식과 편
안함의 원천입니다. 우리가 사랑하는 사람이 우리의 신성함과 어
둠을 모두 비춰 주는 거울이 될 때 인간관계는 힘 있는 마음의 여

행길이 됩니다. 그렇지만 관계에 집착할 때는 관계도 악마가 됩니다. 관계가 여러분을 옭아맵니다. 앞으로 나아가지 못하게 뒤에서 잡아당깁니다. 여러분의 성장을 방해합니다. 여러분이 이 삶에서 자신이 진정 누구인지 발견하지 못하는 한, 관계는 겉모습만 그럴듯한 장애물이 됩니다. 자기를 제대로 아는 것과 자기에 대한 앎을 얻는, 즉 자기를 이해하는 과정을 생략하고 그것을 인간관계로 대신할 수도 있습니다. 결국 여러분은 스스로를 발견해야 합니다. 자신을 찾아내기 위해서는 혼자 있을 필요가 있습니다. 외적으로가 아니라 내적으로 홀로 있어야 한다는 말입니다. 그러면 자신의 어둠을 찾아낼 것이고 마침내는 자신의 신성, 본모습, 내면의 무한함을 찾아낼 것입니다. 그러나 외적인 관계들을 움켜잡고 있을 때는 자신에 대한 이러한 자세를 결코 발견할 수 없을 것입니다. 그러니 관계에 집착하지 마십시오.

두 번째 악마는 형상 없음의 악마, 즉 우리의 생각과 감정을 말합니다. 그것은 형상이 없습니다. 우리의 생각과 감정은 악마가 아니지만, 그것에 매달리는 강박관념은 악마입니다. 그것들을 움켜쥐는 것은 악마의 한 모습입니다. 이는 그림자의 모습입니다. 이것은 우리의 감정을 넘어선다거나 감정으로부터 도피하려 애쓰는 것과는 다릅니다. 우리의 생각을 제어하거나 초월하려 노력하는 것과도 다릅니다. 두려움 같은 감정을 느끼고 그것을 움켜쥐는 순간 여러분의 마음속에서 무엇인가가 얼어붙습니다. 그러면 갑자기 우주가 낙원이 아니라 매우 비우호적인 세상이어서 이에 맞서 투쟁하고 싸워야 할 것처럼 느껴질지 모릅니다. 비록 앞에 적들이 보이지 않더라도 어쨌든 싸워야 한다는 느낌입니다. 여러분은 투쟁해야만 합니다. 두려움을 가지고 할 수 있는 일은 아무것도 없습니다. 두려움은 그저 인간 실존의 일부일 따름입니다. 누구나 자신만의 두려움이 있습니다. 두려움은 사랑과 기쁨이 일어나는 것과 똑같은 방식으로 일어납니다.

재미있게 사는 비결은 움켜쥐지 않는 것입니다. 움켜쥐지 않는 지혜를 알게 되면 여러분은 이와 같이 사람 모습을 하고 살아가는 것을 진정 원하게 될 것입니다. 어디에 가고 싶지도 않을 것입니다. 언제까지라도 여기 있고 싶은 기분일 것입니다. 그러면 언젠가는 빗자루를 든 채 춤을 출지 모릅니다. 빗자루를 들고 춤춘다는 것은 매우 시적입니다. 옛 스승들이 빗자루를 들고 춤추던 일화가 있습니다. 머지않아 진공청소기를 들고 춤을 추면 어떨까요? 사람들은 때때로 제게 마음 수행법을 알려 달라고 청합니다. 이제 여러분에게 마음 수행법을 알려드립니다. 우리의 '사다나', 즉 우리의 마음 수행은 매우 단순합니다. 진공청소기와 함께 춤추는 겁니다. 그렇지만 언젠가 선거에 출마할지도 모르니 혹시 누가 동영상을 찍지 않는지 확실히 알아보십시오.

제10장

일상에서
발견하는 열반

온전히 받아들임

좋든 싫든 삶은 끊임없이 펼쳐집니다.

삶을 우리 마음대로 해 보려고 할수록

고통만 더해집니다.

우리가 참으로 두려움과 희망을 받아들이고

일상생활의 미지 속으로 뛰어들 때

잃을 것은 고통뿐입니다.

사람으로 살아가는 삶은 소중할 뿐만 아니라 지극히 덧없기도 합니다. 우리는 불멸의 존재가 아닙니다. 언제라도 죽을 수 있습니다. 운이 좋아 앞으로 10년 20년 더 산다 해도 그건 그리 긴 시간이 아닙니다. 삶은 바로 우리 눈앞에서 지나가고 있습니다. 이를 깨닫는 것은 상당히 가치 있습니다. 그것을 알면 정신이 번쩍 들고 사람으로 살아가는 이 삶의 목적에 대해 깊이 고찰하고 생각하지 않을 수 없습니다. 여러분도 바로 지금 시간을 내어 이 진실을, 인간 실존의 무상하고 변화무쌍한 실상을 깊이 생각해 보기를 권합니다. 우리가 그렇게도 주의를 기울이는 부질없는 것들에 대한 집착을 놓는 데 도움이 될 것입니다.

우리는 중요치 않은 것들에 사로잡혀 있습니다. 아무 의미 없는 것들에 주의를 기울입니다. 자기 삶이라는 것이 얼마나 뜬구름 같고 무상한지 실감하면 우리는 퍼뜩 깨어나 이렇게 사람으로 살면서 뭔가 의미 있는 일을 해야겠다는 절박감을 느낍니다. 동양 전통에서는 이렇게 인생의 무상함을 깨달아 절박감을 느낄 때 수행의 길을 걸으며 열반을 증득할 준비가 되었음을 감지합니다. 결국 이 삶의 목적은 열반을 성취하는 것이라고 생각하게 됩니다. 요즘 열반을 이야기하는 사람이 거의 없지요. 그럴 만한 이유가 있습니다. 사람들 대부분에게 그리 흥미로운 주제가 아니거든요. 게다가 열반에 대해서는 온갖 이론이 많습니다. 열반에 대해 하나의 보편적 정의나 이해가 있는 것이 아닙니다. 어떤 사람들은 열반을 일종의 영원한 성취로, 더 이상 고통도 비참함도 없고 우리가 언제까지나 황홀경에 머무는 경지로 생각합니다. 사람들은 열반을 세상의 모든 현실과 완전히 단절된 어떤 곳, 모든 것 위에 우뚝 솟은 어떤 곳으로 봅니다. 그런 식으로 본 열반은 추상적인 얘기로 들릴 수 있습니다.

아마 여러분은 열반에 대해 많이 생각한 적이 없을 것입니다. 어쩌면 그런 말조차 들어 본 적이 없을지 모릅니다. 저 같은 사람에게는 이 열반이라는 개념이 매우 중요합니다. 저는 어렸을 때부터 이를 성취하기 위해 제가 가진 모든 것, 온 힘과 온 마음을 써 왔습니다. 그래서 저에게는 열반이 커다란 문제이며 그냥 지나치지 못할 문제입니다. 왜냐하면 제 삶의 수십 년을 열반이라 불리는 그것을 얻고자 해 왔기 때문이지요. 저는 쉽게 그것을 놓을 수 없습니다. 그것이 뭔지 정확히 알아내고 싶습니다.

어쩌면 이 인간 삶의 궁극 목표는 열반을 증득하는 것일지도 모르지만, 아마도 열반은 어떤 사람들이 생각하는 그런 것이 아닐지 모릅니다. 열반은 어떤 영구적이거나 정지되었거나 영원한 자유나 깨달음의 상태일 필요가 없습니다. 그게 아니라 그것은 생생하고 활기찬, 지금 여기에서 활성화될 수 있는 그 무엇일 법합니다. 열반은 여기, 우리 인간 몸 안에서, 살 속에서 뼛속에서 체험될 수 있습니다. 세상과 인류와 동물과 자연과 맺는 우리 관계 속에서 느껴질 수 있습니다. 이 열반을 느낄 때 우리는 오직 순수한 자애와 연민만을 느끼게 됩니다. 우리 자신에 대한, 온 인류를 위한 자애와 연민 그리고 동물과 자연에 대한 사랑 말입니다. 연민은 죽은 것이 아니고 생생히 살아 있습니다. 자애와 연민에 대해 우리에게는 많은 개념이 있습니다. 심지어 제멋대로의 행동 강령까지 많이 있습니다. 그렇지만 그런 개념과 강령은 대부분 생생한 것이 아닙니다. 죽어 있습니다. 생생하게 살아 있는 유일한 자애와 연민은 우리 가슴속에서 활활 타고 있습니다. 그러므로 참된 자애와 연민이 온전히 살아 있는 것과 똑같이 열반도 살아 있어야 합니다. 살아 있는 자애와 연민은 우리 몸속을 순환하는 혈액처럼 생생히 살아 있습니다. 우리 심장의 고동처럼 활기찹니다.

우리는 열반이라 불리는 이 매우 오래된 모델, 이 원형을 우리가 갈 방향과 우리 삶의 지고한 소명을 이해하는 하나의 방식으로 적용할 수 있습니다. 티베트 전통에는 '로종lojong'으로 알려진 마음 수행이 있습니다. 로종은 티베트불교에서 하나의 새로운 움직임이요, 혁명입니다. 이 혁명은 인도의 스승 아티샤982~1054, 인도 벵갈 왕실 출신으로 1040년 티베트로 건너가 불법 전파 제2기에 핵심적 역할을 했으며『보리도등론』을 저술함가 일으켰다고 할 수 있습니다. 아티샤는 많은 티베트 불자들이 요점을 놓치고 있다고 느꼈던 것 같습니다. 아마 그는 티베트 불자들이 진정한 작업, 즉 내적인 작업, 마음을 성장시키고 사랑하고 용서하고 수용하는 능력을 확장하는 작업에서 도피하기 위해 그 모든 아름다운 종교적 의식을 써먹는다고 느낀 듯합니다. 로종의 가르침에는 우리가 외울 수 있는 심오한 게송과 문장이 많이 있습니다. 가장 심오한 문장들 가운데 하나는 인생의 모든 상황을 열반에 이르는 길, 위대한 깨어남에 이르는 길로 여길 것을 제안합니다. 삶의 어떤 상황에서도 피해 달아날 필요가 없다는 것입니다. 흔히 우리는 많은 불리한 상황을 피해 달아납니다. 질병, 상실, 실패 등등 조건은 많습니다. 이런 조건들은 우리의 에고, 안전하다는 느낌, 편안, 심지어 행복과 상충됩니다. 로종의 가르침에 따르면 우리는 그런 악조건들을 피해 달아날 필요가 없

조건 없는 행복은

그 어느 것에서도 도피하지 않음에서

생겨납니다.

그것은 질병, 상실, 실패 등

아무리 불리한 상황이라도

마음 수행의 길로, 진실한 가르침으로

온전히 받아들이는 데서 옵니다.

습니다. 로종의 가르침은 우리가 삶의 모든 상황을, 안 좋은 상황까지도 환영하며 맞아들여 그것들을 마음 수행의 길로, 열반에 이르는 길로, 위대한 깨달음으로 가는 길로 쓰라는 것입니다. 이 길을 따름으로써 우리는 온전히 받아들이는 법, 용서하는 법, 용감해지는 법, 행복을 밖이 아니라 안에서 찾는 법을 배울 수 있습니다.

저는 자주 여행하며 다른 문화권의 많은 사람을 만납니다. 매우 인상적이고 믿을 수 없을 만큼 굉장한 사람들을 향해 뛰어드는 일을 계속하고 있습니다. 그분들은 살아 있는 보살들, 정신적인 영웅들 같습니다. 제 마음을 북돋는 보살들을 보통 사람들 중에서 찾아낼 때가 많습니다. 이 사람들이 지금의 그 모습이 된 것은 살면서 고통을 겪었기 때문입니다. 어쨌든 그들은 고통을 피해 도망치지 않고 고통을 직면하여 그것을 깨달음이나 내적 성장에 이르는 길로 이용하겠다는 의지가 있었습니다. 그들은 용기 있는 사람이 되는 법, 큰 마음과 큰 가슴을 지니는 법을 배웠습니다. 여러분이 용기 있는 사람이라면 어떻든 삶 전체가 다르마(법)입니다. 삶 전체가 정신적 가르침입니다. 모든 이가 여러분의 정신적 스승이라고도 말할 수 있습니다. 그 스승들 중에는 선사 같은 분들도 있겠지요. 때로 함께 어울리기에는 좀 어려운 분들입니다. 그중 어떤 분들은 괴팍하거나 때로는 크게 노하기도 합니다. 방망이로 여러분을 때릴지도 모릅니다. 마찬가지로 삶의 상황들도 때로 크게 화를 냅니다. 우리가 삶의 상황들을 어찌할 수 없다는 것이 진실입니다. 우리는 이미 이를 알고 있습니다. 태어나는 순간부터 우리는 자신의 삶을 어떻게 해 볼 수가 없습니다. 우리가 어떤 시대에 어떤 특정한 집안에 태어나겠다고 선택하는 것도 아닙니다. 태어나는 곳도 선택할 수 없습니다. 어떤 시점, 어떤 장소, 어떤 집안에 태어나겠다고 선택하지 못합니다. 마찬가지로 앞일도 어찌할 수가 없습니다. 미래는 완전히 미지의 것입니다. 먼 앞날에 어떤 일이 펼쳐질지 모른다는 얘기만이 아닙니다. 당장 오늘 저녁 일도 완전히 모를 일입니다. 왜냐하면 오늘 저녁에 펼쳐질 일에 관해 절대적 확실성이 없기 때문입니다. 아마도 내일 아침에 잠에서 깨어날 것 같기는 하지만, 그렇게 될 것이라고 100퍼센트 보장할 수 없습니다. 우리가 삶에서 어떤 비극적 사건이나 위기에 봉착할 때, 미지의 벼랑 끝으로 몰리게 될 때, 이런 깊은 깨달음은 실감나게 다가옵니다. 그러나 우리가 완벽하게 안전하다고 느낄 때, 영광이나 세속적 성공이나 안락함에 겹겹이 둘러싸여 살고 있을 때 이 깊은 통찰은 쉽게 생겨나지 않습니다. 우리가 미지, 위대한 미지를 온전히 받아들일 때만 그런 통찰은 생겨납니다. 우리가 이 위대한 미지를 사랑하는 법을 배울 때, 그 미지가 정말이지 모든 실존의 토대임을 실감할 때 그 통찰은 찾아옵니다. 그것은 우리 삶의 토대입니다. 일단 우리가 이 위대한 미지를 온전히 받아

들이고 그것을 사랑하기만 하면 자유만 있고 기쁨만 있습니다. 이
때 우리를 안에서 옭아매던 오랜 사슬을 끊을 수 있습니다. 희망
이라는 사슬과 두려움이라는 사슬을. 그러면 우리는 이 지구상에
지금까지 살았던 사람 중에 가장 행복한 사람이 됩니다. 우리가
찾아 헤매는 모든 것 ―열반, 깨달음, 위대한 깨어남, 무어라 부르
든―의 비밀은 온전히 받아들이는 것입니다.

　　우리가 추구하는 것이 무엇입니까? 어떤 사람들은 압니다.
"나는 열반을 추구합니다"라고 우리는 말할 수 있습니다. 열반을
추구하다가 이미 지칠 대로 지친 사람들도 있습니다. 만약 여러분
이 추구하는 것이 열반이 아니라면, 그것은 단연코 행복일 수도
있습니다. 열반, 깨달음, 해탈, 이는 모두 우리가 추구하는 행복을
이해하는 다른 방식일 뿐입니다. 우리는 이 지상의 행복을 추구
하거나 천상의 행복을 추구합니다. 이처럼 추구하는 마음을 갖는
것은 전혀 문제가 없습니다. 우리 모두는 태생적으로 그러하니까
요. 보이는 세상이든 보이지 않는 세상이든 이 우주의 모든 살아
있는 존재는 가장 강한 충동으로 행복을 갈구합니다. 그러나 행복
은 외적으로 유리한 상황과 세속의 영광을 쌓고 거기 매달린다고
얻어지는 것이 아닙니다. 영원한 행복이 있는지 없는지 저는 모르
지만 조건 없는 행복은 있습니다. 조건 없는 행복은 바로 이 비밀,
즉 온전히 받아들이는 것에서 옵니다. 온전히 받아들임은 위대한

미지를 사랑하고 포용하는 행위입니다. 조건 없는 행복은 그 어느 것에서도 도피하지 않음에서 생겨납니다. 그것은 아무리 불리한 상황이라도 마음 수행의 길로, 진실한 가르침으로 받아들이는 데서 옵니다. 온전히 받아들임은 이런 상황들을 우리 주의를 내면으로 돌리는 방편으로, 우리의 한계와 신경증과 게으름과 비겁함과 두려움, 불안, 자부심, 집착을 있는 그대로 보는 방편으로 씁니다. 그렇게 깨달으면 우리는 성장하고 자애, 연민, 용기를 키워 갑니다. 좋든 싫든 삶은 끊임없이 펼쳐집니다. 삶을 우리 마음대로 해 보려고 할수록 고통만 더해집니다. 우리가 참으로 두려움과 희망을 온전히 받아들이고 일상생활의 미지 속으로 뛰어들 때 잃을 것은 고통뿐입니다. 일부러 찾아 헤매지 않고도 자유를 얻을 것입니다. 어느 티베트 스승이 이런 말씀을 하셨습니다. "나쁜 소식은 그대가 낙하산도 없이 비행기에서 뛰어내려야 한다는 것이다. 좋은 소식은 내려앉을 곳이 아예 없다는 것이다." 그분은 이 비밀을 말씀하신 것입니다.

다른 전통도 그렇겠지만 탄트라불교에는 아름답게 시각화된 의식儀式이 많습니다. 제가 보기에 가장 아름다운 시각화는 바로 이것입니다. 모든 것을 잃고 그것을 온전히 받아들이는 것만 배운다고 시각화하십시오. 자비롭고 자족하는 것을 배우십시오. 마음속에서 모든 것을 잃고 있을 때 가슴에서 춤추는 것을 배우십시오. 성내거나 억울해하지 마십시오. 비관적이지 않은 태도를 배우십시오. 단지 시간문제일 뿐입니다. 죽음이 찾아오면 우리는 모든 것을 잃어야만 합니다. 한 물건도 가져가지 못합니다. 모든 것―이 아름다운 세상, 우리가 사랑하는 사람들, 친구들, 재산, 명성, 몸―을 남기고 갈 수밖에 없습니다. 이제 우리 안에 하나의 메시지가 떠오르는데 그 메시지는 아주 절박합니다. 그것은 우리를 깨우려는 메시지입니다. 이 삶의 목적은 마음 수행의 길, 열반에 이르는 길, 위대한 깨어남으로 가는 길을 걷는 것이라는 얘기입니다. 또 그 메시지는 이런 이야기도 합니다. "미래에서 열반을 찾지 말고 지금 여기에서 열반을 발견하라"고. 이것은 온전한 받아들임이 이루어지면 여러분이 스스로 찾을 수 있는 바로 그 상태입니다.

제11장

이 삶은
당연한 것이 아니다

깊이 생각하는 힘

깊은 성찰에는 많은 형태가 있습니다.

그러나 매우 소중하고

중요한 성찰이 하나 있습니다.

사람으로 살아가는 이 삶이

얼마나 소중하고 희유한지를

숙고하고 자각하는 것입니다.

깊이 생각하는 삶을 사는 것은 행운입니다. 이 세상에는 그런 행운을 가진 사람이 많지 않습니다. 심지어 그런 쪽을 탐구하려는 사람도 많지 않습니다. 사람들은 매우 바쁩니다. 자기 생활을 하고 아이를 기르고 정치 사회 문제에 참여하는 등 세상살이에 정신이 팔려 있습니다. 그러나 깊이 생각하지 않으면 우리 삶은 아주 표피적인 상태로 남게 됩니다. 우리는 큰 그림을 놓치고 있는지도 모릅니다. 깊은 생각에는 많은 형태가 있습니다. 붓다는 우안거로 알려진 명상 안거를 시작하셨습니다. 붓다의 제자들은 거기서 근 석 달 동안 그들끼리 머물며 성찰하고 관하는 수행을 했습니다. 지금도 세상에는 사회를 완전히 등지고 떠난 사람들이 있기는 합니다. 그들은 수도원에서 고독하게 살면서 깊이 관하는 삶에 전념합니다. 물론 우리는 대부분 숲이나 수도원에서 명상만 하며 몇 년을 보낼 만큼 여유롭지 못합니다. 그러면서도 동시에 우리는 매일의 삶에서 쉬고 내면에 주의를 돌리고 삶을 풍부하게 해 줄 깊은 성찰을 할 짬을 많이 찾아냅니다. 인간 삶에는 두 측면이 있습니다. 외적인 삶과 내적인 삶입니다. 많은 사람이 단지 외적인 삶만 살고 내적인 삶을 살지 않습니다. 사실 내적인 삶도 외적인 삶만큼 중요한데 말입니다. 우리는 모두 당연히 외적인 삶을 좋아합니다. 학교에 가고 경력을 쌓고 관계를 맺고 음식을 만들고 모임에 갑니다. 정기적으로 쇼핑도 합니다. 심지어 온종일 쇼핑만 하면서 시간을 보낼 수도 있습니다. 때로는 아무것도 살 필요가 없기도 합니다. 어슬렁어슬렁 돌아다니는 것, 이른바 '윈도우 쇼핑'만 하면서 시간을 보낼 수도 있습니다. 친구를 사귀는 일과 더불어 이는 외적 생활의 큰 부분입니다.

반면 내적인 삶도 있습니다. 많은 사람이 내적인 삶을 탐구해 본 적이 없습니다. 우리가 내적인 삶을 전혀 모르면 삶이 공허하고 깊이가 없어집니다. 삶을 충만하게 살지 못한다는 뜻입니다. 그뿐만 아니라 내적인 삶을 모르고 산 결과로, 소리 없는 고통과 불만을 느끼기 시작합니다. 곳곳마다 누구랄 것 없이 고통이 일어나고 있음을 우리는 이미 알고 있습니다. 그 고통은 대부분 우리가 관리할 수 있는 고통입니다. 우리는 그 고통을 소리 없이 유지

할 수 있습니다. 고통을 짐짓 알아차리지 못하는 척할 수도 있습니다. 그건 중대한 위기를 겪는 것과는 다릅니다. 어떤 중대 위기를 겪을 때는 그것을 모를 수 없습니다. 집이 불타고 있다거나 사랑하는 사람이 아프다거나 하면 그런 고통은 모를 수 없습니다. 그러나 이러한 지속적인 고통, 말하자면 잠재적인 고통, 이 인간 삶의 고苦가 있습니다. 이것이 '불만족스러움'의 의미입니다. 어떻든 누구나 이것 때문에 괴롭습니다. 이는 결국 내적 삶을 모르는 데서 비롯된 일입니다. 세상에서 가장 맛있는 음식을 먹을 수도 있고, 한재산 모을 수도, 세상의 좋다는 곳은 다 가 볼 수도 있습니다. 물론 그러면 그런 것에 완전히 정신이 팔리겠지요. 그렇지만 바깥에서 우리가 무엇을 하건 그것이 이 소리 없는 고통, 불만족스러움을 완전히 희석시킬 수는 없습니다. 오직 내적 삶을 오롯이 껴안는 것만이 이 아픔을 해소할 수 있습니다.

깊은 성찰에는 많은 형태가 있습니다. 그러나 매우 소중하고 중요한 성찰이 하나 있습니다. 사람으로 살아가는 이 삶이 얼마나 소중하고 희유한지를 숙고하고 자각하는 것입니다. 이러한 이해를 끌어내기 위해 우리는 많은 은유를 사용합니다. 그중 하나가 우담바라 꽃입니다. 우담바라 꽃은 신화에 나오는 꽃으로, 수천 년에 한 번 핀다고 합니다. 이 꽃은 피었다가 오래가지 않습니다. 쉬이 시들어 버립니다. 그러면 이 꽃이 얼마나 희귀하고 소중한지 아시겠지요. 마찬가지로 여러분과 제가 누리는 인생도 우담바라 꽃만큼이나, 더 그렇다고는 못하더라도 소중하고 희귀합니다. 이 깨우침은 지극히 단순해 보이지만 가슴에서 이를 느끼려면 깊은 숙고나 인생에서 아주 강력한 사건이 필요합니다. 우리가 가끔 쉬는 시간을 갖고 이 삶이 얼마나 놀랍고 소중한지를 관하는 것은 중요합니다. 이따금 혼자 있을 때, 자연 속에 있을 때 여러분은 이러한 알아차림을 느낍니다. 마음이 아주 고요해집니다. 마음이 더 이상 과거와 미래에 연연하지 않습니다. 더 이상 온갖 전략이며 계획을 짜고 기획을 하느라 바쁘지 않습니다. 마음이 활짝 열리고 고요할 때는 자연스럽게 이 진실, 여러분이 인간으로 살아가는 것이 소중함을 깨닫게 됩니다. 여러분 자신의 삶이 소중하다고 느낄 뿐만 아니라 모든 존재가 소중하고 거룩하다고 느끼는 것입니다. 하늘의 구름, 나무들, 돌들, 온갖 것이 본래 거룩합니다. 때로는 매우 충격적이고 심지어 재앙에 가까운 사건을 겪어야만 이런 깨달음이 옵니다. 위기가 닥쳐야만 그것이 계기가 되어 내면으로 들어가서 이 내적인 삶을 안아 들이는 것입니다.

저는 미국 남부의 텍사스 주 오스틴 시, 루이지애나 주 배튼루즈 시 같은 곳으로 갑니다. 제가 이끄는 집중수행에 오는 분들 중에 감탄할 만한 여성이 한 분 있습니다. 그분은 거의 3년을 기다려 왔습니다. 처음에는 그분이 항상 저와의 면담, 독대를 원했

인생의 소중함과 덧없음을
동시에 자각하는 순간,
**이 생은 온통 사랑하는 법을
배우는 일임을 깨닫게 됩니다.**
여러분이 무엇을 성취했는가,
성취하지 못했는가는
그리 중요하지 않습니다.

습니다. 언제나 불행하고 심란한 모습이었죠. 나중에야 그분이 불
치병에 걸렸다는 것을 알게 되었습니다. 그분은 다른 사람들이 가
진 많은 것을 가질 수 없었습니다. 병 때문에 숱한 바람직한 목표
를 이룰 수 없었던 것입니다. 누구나 실현하기를 원하는 그런 목
표들 말입니다. 아마 인간관계도 맺을 수 없었을 겁니다. 그분은
올해도 또다시 제가 이끄는 집중수행에 왔고 평소처럼 저와의 면
담을 청했습니다. 솔직히 말해 저는 그분과의 면담에 대해 어떤
기대, 선입견이 있었습니다. 그런데 만나 보니 전혀 달랐습니다.
처음으로 그분은 활짝 웃음을 띠고 있었습니다. 제게서 명료함,
길 안내, 심지어 해답조차 찾지 않았습니다. 다만 저와 뭔가를 나
누고 싶어 했습니다. 자신의 마음속 변화를, 내면적 삶의 발견을
공유하고 싶어 했습니다. 자기는 근본적으로 행복하다고 제게 말
했습니다. 그분은 평화로운 상태였습니다. 자기에게는 그 병이 필
요하다는 말도 했습니다. 이는 매우 용감하고 마음이 고무되는 말
입니다. 그분이 말하기를, 이 불치병이 아니었다면 자기는 지금
걷는 이 수행 길을 결코 찾지 못했을 터라고 했습니다. 그분의 병
은 모습을 바꾼 축복이 되었습니다. 병이 그분에게 내면적 삶으로
가는 길을 안내하는 강력한 촉매가 되었습니다. 병 속에서 사랑과
용기, 연민을 찾았는데 이런 위기가 없었다면 그분은 이런 것을
전혀 찾지 못했을 것입니다.

때때로 우리가 무의식의 편안한 요람에서 마음을 깨워 안쪽의 삶으로 주의를 돌리기 위해서는 삶에서 우리를 불안하게 만드는 큰 위기, 이를테면 죽음이나 이별, 상실 같은 것이 필요할지 모릅니다. 물론 불치병을 앓음으로써 주의를 안으로 돌리는 일이 우리 중 아무에게도 일어나지 않는 것이 바람직하지만 말입니다. 우리가 해야 할 일은 명상을 시작하는 것이 전부입니다. 깊은 성찰을 통해 우리는 곧 자각하게 될 것입니다. 이 삶이 소중할 뿐만 아니라 매우 덧없다는 것도 말입니다. 삶은 어느 순간이라도 끝날 수 있습니다. 100년을 산다 해도 삶은 여전히 매우 덧없습니다.

우리가 40대나 50대쯤 되면 아마 인생을 절반쯤 산 것일 터입니다. 여러 의미에서 인생의 전반부는 거의 꿈과 같습니다. 눈 깜짝할 새 가 버립니다. 되돌아보면 우리가 발견하는 것은 모두 스냅 사진 같은 이 짧은 기억들의 묶음일 뿐입니다. 이는 꿈과 같아서 우리는 생의 전반부 전체를 단 몇 마디로 간추려 서술할 수 있습니다. 그것을 아주 평범하게 아니면 아주 특이하게 서술할 수 있습니다. 이렇게 말할 수 있습니다. "나는 태어나서, 먹었고, 많이 잤고, 지금 여기 있다"라고. 또는 좀 더 극적으로 말할 수도 있지요. 우리는 이 스냅 사진 같은 반생의 이야기를 번드르르하게 꾸밀 수 있습니다. 이렇게 말입니다. "나는 수많은 무지개와 함께 태어났다. 나는 깨달았고, 지금 여기 있다." 아마 우리는 어제 한

죽음을 맞을 때,

숨이 몇 번밖에 남지 않았을 때

여러분에게 중요한 것은 하나뿐입니다.

그것은 사랑입니다.

그렇다면 아마 여러분은

생전에 베푼 사랑이

좀 더 많았으면 하겠지요.

일만으로도 책 한 권을 쓸 수 있을 것입니다. 그러면서도 생의 전반부는 거의 꿈과 같다고 느껴집니다. 이미 가 버린 시간입니다. 뒤돌아보면 우리를 진정 행복하게 해 주는 것이 많습니다. 또 과거에 대해 후회나 유감을 느낄 수도 있습니다. 사람은 누구나 과거에 대해 자기만의 회한, 아픔, 유감이 있는 법입니다. 때로는 뒤로 돌아가서 다시 태어나 인생 전체를 시작할 수 있다면 싶을 수도 있습니다. 물론 그럴 수는 없는 일이지요. 제가 지적하려는 것은 아마도 인생의 절반이 유감, 회한, 기쁨 그리고 뿌듯한 순간들이 뒤섞이면서 이미 가 버렸다는 것입니다.

언젠가 우리는 임종의 침상에 누워 있을 것입니다. 사랑하는 사람들에 둘러싸여 있으면 더 좋겠지요. 그 순간, 우리의 온 생애가 한 찰나에 가 버릴 것입니다. 바로 그래서 현명한 불교 스승들은 늘 우리에게 이 삶을 당연한 것으로 받아들이지 말라고 격려하는 것입니다. 그분들은 늘 이런 말을 합니다. "인생이라 불리는 이 소중한 선물을 함부로 써 버리지 마십시오."라고. 이 소중한 생을 낭비하지 않는다 함은 무슨 뜻입니까? 어마어마한 기념물이라도 지어서 후대 사람들이 우리를 기억하게 해야 한다는 뜻일까요? 사람들 대부분이 할 수 없는 일, 에베레스트 산 등정 같은 것이라도 해야 한다는 뜻일까요? 이 생을 낭비하지 말라는 말을 들으면 우리는 '지금' 이 생을 낭비하고 있다는 느낌이 들 수 있습니다. 뭔가 영웅적인 일을 해야 하는데 사실은 그렇지 못하다고 느낄 수도 있습니다. 에베레스트 산 정상까지 올라가려고 애쓰지 않아도 됩니다. 어마어마한 기념물을 세우지 않아도 됩니다. 지금부터 100년 후에 사람들이 연주할 곡을 작곡할 필요도 없습니다. 그저 지금 이대로 우리의 삶을 계속 살아가면 됩니다. 때로 삶은 매우 평범할 수 있습니다. 개를 데리고 산보를 나갑니다. 바닷가를 거닐며 조약돌을 줍거나 모래성을 쌓습니다. 너무나 평범합니다. 때로는 아이가 되는 것이 좋지 않습니까? 온전히 티 없는 존재가 되는 것이? 때로는 아주 평범한 것이 우리를 홀가분하게 하지요.

결국은 '인생을 낭비한다'는 그런 것도 없는 것입니다. 여러분이 인생의 소중함과 덧없음을 동시에 자각하는 순간, 이 생은 온통 사랑하는 법을 배우는 일임을 깨닫게 됩니다. 과거에 그리도 중요했던 모든 것이 더 이상 중요하지 않습니다. 이것이 이상한가요? 여러분이 무엇을 성취했는가, 성취하지 못했는가는 그리 중요하지 않습니다. 아주 중요한 것은 여러분을 희망과 두려움의 세상에 가둔 것들이 이제 더 이상 중요하지 않다는 겁니다. 가장 중요한 것이 하나 있으니, 그것이 사랑입니다. 이 말을 입 밖에 내기가 조금 저어되는군요. 너무 거룩한 말이라서요. 아시다시피 어떤 전통, 예컨대 유대 전통에서는 신의 이름이 너무도 거룩하여 입

밖으로 내뱉어서는 안 된다는 생각이 있습니다. 저에게는 '사랑'이라는 말이 그렇습니다.

여러분이 죽어 가면서 머리 모양에 신경 쓴다고 상상해 보면, 어이없지 않겠습니까? 지금 당장 몇 초 후에 죽을 텐데 몸무게를 걱정한다고 상상해 보십시오. 어이없을 뿐만 아니라 좀 정신 나간 사람 같을 것입니다. 죽어 가는 처지에 옆 사람들에게 나를 목욕탕에 좀 데려다 달라고, 내 외모가 궁금하니 거울에 비춰 보고 싶다고 부탁한다고 상상해 보십시오. 제정신이 아니겠지요?

그러나 진실은 우리가 죽어 간다는 것입니다. 태어난 순간부터 우리는 죽어 가는 것입니다. 우리는 물론 충만하게 살고 있습니다만 죽어 가기도 합니다. 호흡 한 번이 실제로 째깍째깍하는 시곗바늘 소리입니다. 우리는 죽음이라는 이 미지의 세계에 점점 더 가까워지는 것입니다. 죽음의 순간 우리에게 중요한 것은 사랑입니다. 물론 제가 말하는 것은 일반적인 사랑, 낭만적인 사랑이 아닙니다. 제가 말하는 것은 참다운 사랑, 조건 없는 사랑, 신비주의 수행자들이 느낀 사랑, 보살들이 느낀 사랑입니다. 이 사랑을 무어라 규정하기는 어렵습니다. 이는 여러분 자신을 사랑하고 주변 사람들을 사랑하고 이 세상을 사랑하고 삶을 사랑하고 이 삶의 기쁨과 슬픔을 똑같이 사랑하는 것입니다. 결국 죽음을 맞을 때, 숨이 몇 번밖에 남지 않았을 때 여러분에게 중요한 것은 하나

뿐입니다. 그것은 사랑입니다. 그렇다면 아마 여러분은 생전에 베푼 사랑이 좀 더 많았으면 하겠지요.

지금 당장 모든 이를 사랑하라는 것이 아닙니다. 아마도 지금 당장 지상의 모든 이를 사랑할 준비는 되지 않았을 것입니다. 이 삶은 여행, 조건 없는 사랑의 여로가 될 것이고 여러분은 수많은 한계에 부딪칠 것입니다. 여러분의 사랑은 한계가 있을 터이며, 이는 어디까지나 받아들일 만한 일입니다. 그러나 발전이 있을 것입니다. 시간이 가면서 여러분의 사랑은 계속 점점 커질 것입니다. 아마 내일이면 오늘 사랑할 수 없었던 누군가를 사랑할 수 있을지 모릅니다. 아니면 오늘 사랑할 수 없었던 무언가를 사랑할 수 있게 될지도 모릅니다.

제12장

우리 모두는
특별하고 유일한 에너지

최고의 수행은 자신을 사랑하는 것

자신에게 주의를 기울여 보면
자신이 매우 신비롭고 다차원적이며
복합적인 개체라는 것을 실감하게 됩니다.
자기 존재의 바탕이 있는 그대로
이미 완벽하다는 것을 자각합니다.

19세기의 티베트 스승 빠툴 린포체1808~1887, 티베트불교 닝마빠의 뛰어난 스승이자 저작자는 많은 시와 희곡을 썼습니다. 그가 티베트어로 쓴 문학 작품 중에서 최고봉으로 꼽히는 희곡 한 편은 연蓮이 자라는 정원의 실감 나는 모습으로 시작됩니다. 연 중에 어떤 것은 키가 훌쩍 크고 어떤 것은 작달막합니다. 어떤 것은 꽃이 피어 있고 어떤 것은 시들었습니다. 그는 이 다양한 연을 통해 인간 세상을 묘사합니다. 우리는 이 다양한 연과 같습니다. 우리는 정말이지 서로 다릅니다.

밤중에 하늘을 올려다보면 셀 수 없을 만큼 많은 별과 혹성이 있습니다. 그 하나하나가 둘도 없이 고유합니다. 해변에는 모래알이 헤아릴 수 없이 많습니다. 모래알 하나하나가 서로서로 완전혀 다릅니다. 똑같은 모래알이라고는 단 두 알도 찾을 수 없습니다. 숲에 가면 다양한 나무들이 있습니다. 삼나무, 유칼립투스, 월계수 등 각 나무는 다른 나무와 다릅니다. 어떻게 보면 자연 세계에는 만물의 고유성이 조화롭게 표현되고 있습니다. 삼나무는 "내가 유칼립투스보다 잘났어. 키가 더 크고 몸집도 좋아"라고 하지 않습니다. 유칼립투스는 "내가 낫지. 난 향내가 제일 좋잖아. 내 향기는 어떤 나무보다 더 기분 좋은 냄새야"라고 결코 말하지 않습니다. 나무들은 서로 비교하며 어떤 나무가 제일 잘났는지 따지지 않습니다. 나무들은 우월감도 열등감도 없습니다. 그들은 온전한 조화 속에 존재합니다.

인간으로서 우리는 우리 자신의 고유성은 받아들이고 기꺼워하면서 남들의 고유성은 그렇게 여길 줄 모릅니다. 우리는 우리 자신을 매우 의식하는데, 나무들은 그렇지 않습니다. 자신을 의식하는 것은 물론 커다란 축복입니다. 자의식을 통해 우리는 자신의 개별성을 느낍니다. 우리는 자기만의 특성과 향내와 결을 갖춘 감성과 힘을 지니고 있습니다. 저마다 꿈과 전망이 있으며 자기만의 인생행로가 있습니다. 자기만의 욕망도 있습니다. 남들의 꿈을 성취하는 것으로는 결코 우리의 꿈을 이룰 수 없습니다. 마찬가지로 남들의 갈망을 채운다고 우리 자신의 갈망을 절대 채울 수 없습니다. 우리에게는 남들이 이해할 수 없는 느낌이 있습니다. 우리 각자의 인생행로가 있습니다. 그 행로가 어떻게 펼쳐질지는 아무도 모릅니다. 우리의 행로에 방향을 제시하거나 영향을 끼칠 절대적 힘은 아무에게도 없습니다. 그러니까 우리 자신을 개별적 인간으로, 이 거대한 우주에서 하나뿐인 개체로 의식하는 데서 많은 축복이 옵니다.

동시에 우리는 자신을 남들과 비교하는 습성을 키워 왔습니다. 자신을 남들과 비교하는 이 지속적 습성은 인간 습성 중에서도 가장 파괴적인 것임이 드러났습니다. 이 습성이 우리의 비참함, 불만, 심지어 증오의 뿌리가 됩니다. 우리는 그 어느 누구와도 자신을 비교할 수 없습니다. 누구나 고유하며, 모든 이가 이렇게 고유하면서 완벽합니다. 모두가 신성하고 거룩하며 있는 그대로 온전합니다. 아무도 누구보다 더 낫지 않습니다. 누구도 다른 누구보다 덜 온전하거나 덜 신성한 것이 아닙니다.

우리가 심신 양면에서 다른 누구와도 다르다는 것을 자각해야 합니다. 이 우주 전체에서 여러분이라는 버전은 오직 하나뿐입니다. 두 번째 여러분이란 없습니다. 여러분은 그 모습 그대로 참으로 희귀하고 소중합니다. 마찬가지로 주변의 모든 사람도 온전히 희귀하고 소중합니다. 세상에서 단 한 사람도 여러분과 똑같은 사람은 찾을 수 없습니다. 여러분의 몸은 고유하고 여러분의 정신과 의식도 그러합니다. 여러분의 개인사도 고유합니다. 모든 이의 살아온 이야기가 온전히 고유합니다.

　동시에 우리 모두는 형언할 수 없는 진리의 표현입니다. 우리는 모두 불성佛性의 표현입니다. 불성은 우리 현재 모습의 기본 바탕입니다. 불성의 영역에서 여러분과 저 사이에 그 어떤 나뉨도, 분리도, 이원성도 없습니다. 우리는 모두 그 불성의 표현입니다. 불성은 우리 각자에게서 고유한 몸, 마음, 정신의 개별성으로 나타납니다. 그것은 우리가 지성으로 이해할 수 있는 그 무엇이 아닙니다. 불성, 즉 우리의 참본성은 거룩합니다. 우리는 오직 하나뿐입니다. 우리 몸과 마음은 그 지고한 진리의 표현입니다. 불성은 이 세상에 존재하는 가장 거룩한 것입니다. 가장 거룩한 그것이 우리 안에 있습니다. 우리의 '있음', 우리의 개별성, 우리의 고유성은 그것의 표현입니다. 그러니 가장 거룩한 것은 바깥에 있지 않습니다. 안에 있습니다. 그래서 임제 선사는 "길 가다가 붓다를 만나면 즉시 붓다를 죽여라"라고 했던 것입니다. 참된 불성은 바깥에 있는 것이 아니라는 말입니다. 제가 여기서 말하는 바는 역사적인 붓다가 아니라 참붓다, 다르마까야, 무한한 붓다가 여러분 안에 있다는 것입니다. 여러분 존재의 본성은 위없는 붓다입니다. 여러분에 대한 모든 것—머리카락, 코, 피부, 마음, 품성, 심지어 손발톱까지—은 가장 거룩한 것의 표현입니다.

　자신을 남들과 비교할 때, 때로는 우리가 남들보다 낫다고 믿을 수 있습니다. 우리가 더 똑똑하다거나 더 멋지고 매력 있다거나 정신적으로 우위라고 믿을 수 있습니다. 그러면 우쭐하고 자부심 넘치는 기분이 듭니다. 자부심은 때로 꽤나 기분 좋을 수도 있습니다. 거짓 행복일 수도 있는 것입니다. 그래서 많은 사람이 힘닿는 대로 무슨 수를 써서라도 자부심, 남들보다 낫거나 더 가졌다는 느낌을 유지하려는 것입니다. 많은 사람이 세상에 자기들의 업적이나 지성을 증명해 보이려 애씁니다. 신체적 기량이 어떻든 남들보다 낫다는 것을 보여 주기도 합니다. 한편 우리보다 매력 있고 돈도 많고 똑똑한 누군가가 어딘가에 있다고 느껴질 때도 있습니다. 그러면 우리는 자신이 불완전하고 열등하다고 느끼며 스스로를 비판하고 내치기 시작합니다. 이처럼 자기를 남들과 비교하는 습관이 우리 안에 깊이 뿌리내리고 있습니다. 우리는 심지어 대부분의 시간을 그런다는 것도 의식하지 못하고 언제나 깊게 뿌리내린 이 경향성으로 우리 삶을 이끌어 갑니다. 이 경향성이 바로 우리 모두를 그토록 고통스럽게 하는 것입니다.

고정된 자아 같은 것이 있다는, 그래서 그것으로 우리의 정체성을 확립할 수 있다는 생각은 환상입니다. 우리가 똑똑하고 멋진 놈이라고, 아니면 별로 똑똑하지 못하고 매력도 없는 놈이라고 인식하는 자아는 환상입니다. 결국 우리는 자신을 무엇으로도 규정하지 못합니다. 걱정 마십시오. 여러분이 존재하지 않는다는 이야기가 아닙니다. 여러분은 온전히 존재하지만 흐르는 에너지입니다. 무어라 규정하고 빚어내고 어떤 범주로 묶거나 묘사할 수 있는 정태적 개체가 아닙니다. 여러분은 서술이 불가능합니다. 여러분은 흐르는 에너지입니다. 이 살아 팔딱거리는 생각, 감정, 의식, 인식, 기쁨과 슬픔의 콜라주입니다. 그러니 여러분은 누구와도 비교할 수 없습니다. 하나뿐인 자신을 다른 어떤 사람과도 비교할 수 없다는 얘깁니다. 왜냐하면 흐르는 에너지이기 때문입니다. 여러분은 자기 자신의 그 어떤 정태적 버전에도 매달릴 수 없습니다. "이것이 나다. 그리고 나는 나 자신을 남들과 비교할 것이다"라고 말할 수 없습니다. 이처럼 고정된 자아는 전적인 환상에 불과합니다. 그런 것은 여러분의 마음속에만 존재합니다. 그 밖의 어느 곳에도 존재하지 않습니다.

제가 짐짓 철학적으로 얘기한다고 생각하지 말아 주십시오. 전혀 그렇지 않습니다. 복잡다단한 철학적 대화 같은 것을 시작해서 자아가 존재하는가 아닌가를 논의하거나 분석하려는 것이 아닙니다. 우리는 자아가 존재하지 않는다고 말할 수 있거나 아니면 자아가 존재한다고 말할 수도 있습니다. 어쨌건 상관없이 자아는 정태적인 것이 아닙니다. 자아는 강물같이, 구름같이 살아 있는 개체입니다. 때로 여러분이 구름을 바라볼 때 그 구름은 끊임없이 움직이므로 아무것에도 고착될 수 없습니다. 안개를 보면서 안개

여러분은 온전히 존재하지만
흐르는 에너지입니다.
이 살아 팔딱거리는 생각, 감정, 의식, 인식,
기쁨과 슬픔의 콜라주입니다.
그러니 여러분은
누구와도 비교할 수 없습니다.

에 고착될 수 없습니다. 안개는 늘 흐르기 때문입니다. 이것은 아름다운 안개라거나 추한 안개라고 말할 수 없으며, 이 안개는 좋다거니 싫다거니 할 수 없습니다. 그것은 끊임없이 흐릅니다. 우리가 규정하고 매달리고 남들과 비교할 수 있는 고정된 자아 같은 것이 있다는 생각은 전적인 환상입니다. 여러분 자신에게 주의를 기울여 보면 자신이 매우 신비롭고 다차원적이며 복합적인 개체라는 것을 실감하게 됩니다. 자애, 연민, 알아차림 같은 많은 신성한 품성이 자신에게 있다는 것도 실감하게 됩니다. 또 자신에게도 다른 모든 사람과 마찬가지로 수많은 결함이 있다는 것도 알게 됩니다. 여러분은 자신만의 불완전한 구석이 있습니다. 자신만의 약점이 있습니다. 동시에 조만간 자기 존재의 바탕이 있는 그대로 이미 완벽하다는 것을 자각합니다. 존재의 바탕은 비개념적입니다. 분석한다고 이해할 수 있는 것이 아닙니다.

　바로 몇 주 전에 어느 선승 한 분이 제가 이끄는 집중수행에 오셨습니다. 60대쯤 된 분이었습니다. 비구 스님인데 매우 신실하고 마음이 열린 분이었습니다. 저와 함께 잠시 얘기를 하고 싶어 하시더군요. 자신의 수행 여정을 저와 나누고 싶어 하셨습니다. 또 자신이 깨달음을 체험한 것인지 여부에 관해 제 의견을 알고 싶어 하셨습니다. 깨달음이란 선불교에서는 아주 중대한 일로, '깨우침enlightenment'을 뜻합니다. 그분이 선원에 들어갔을 때 스승이 화두를 하나 주었는데, 그 화두는 단 하나의 물음이었다고 합니다. 그분은 영어를 전혀 하지 못했습니다. 통역자가 알려 준 화두는 이것입니다. '무엇이 이 생을 있게 했는가?' 그 스님은 오 랫동안 날마다 이 한 물음을 계속 참구하고 명상했습니다. 날마 다 아침부터 저녁까지 절에서 명상했습니다. 마침내 그 스님은 자 신이 이 화두에 답할 수 있다고 생각했으나 스승은 그 답을 받아 들이지 않았습니다. 불행히도 그 스님이 인가를 받기 전에 그 스 승은 돌아가셨습니다. 명상 집중수행 중 어떤 시점에 우리는 춤을 추었는데 그 스님이 일어나 다들 보는 앞에서 춤을 추기 시작했 습니다. 스님은 회색 승복을 입고 춤을 추었습니다. 아마 그 스님 은 평생 춤을 춘 적이 없으니 그때가 춤이라고는 난생 처음 추는 것일 터였습니다. 우리는 티베트불교 의식을 하는 중이었습니다. 먹고 춤추고 노래하는 성스러운 잔치였습니다. 그분은 멋지게 춤 을 추었습니다. 그분이 저에게서 배울 것이 아무것도 없다는 것을 느꼈습니다. 그 스님은 그저 춤추러 그 자리에 온 것이었습니다. 그분은 춤추는 법을 배우러 집중수행에 온 것이라고 저는 느꼈습 니다. 이미 춤추는 법만 빼놓고 모든 것을 알고 있었던 것입니다. 그분의 춤이 아까 그 화두에 대한 답이라고 느꼈습니다.

화두는 개념적인 답을 찾지 않습니다. 화두처럼 우리가 지 성을 통해 이해할 수 없는 것들이 있습니다. 선불교의 전통적 화

일단 자신에 대한
이 모든 고정된 개념,
고정된 정체성을 놓아 버릴 수만 있으면
여러분은 안으로 자유롭습니다.
마침내 여러분 자신과
사랑에 빠질 수 있습니다.

두 중 하나는 '태어나기 전 당신의 본래면목이 무엇인가?'입니다. 이 화두는 여러분이 태어나기 전 어떤 구체적이거나 신체적인 얼굴이 실제로 있다는 언설이 아닙니다. 이는 은유적인 물음입니다. 이 화두가 가리키는 것은 우리 각자에게 완전히 비개념적인 참본성, 다르마까야(법신), 위없는 붓다가 있다는 것입니다. 참본성의 영역 안에서 우리는 완벽합니다. 아름답고 부유하고 완전합니다. 아무 부족함이 없습니다.

일단 자신에 대한 이 모든 고정된 개념, 고정된 정체성을 놓아 버릴 수만 있으면 여러분은 안으로 자유롭습니다. 마침내 여러분 자신과 사랑에 빠질 수 있습니다. 남들과 자기를 비교하는 것은 이것으로 끝입니다. 그러면 자기의 참본성이 온전하고 완벽하고 가장 성스러운 것임을 알게 될 것이고 그때 여러분이 오직 하나뿐인 존재임을 기뻐할 수 있을 것입니다. 이것이 탄트라불교에서 전하는 지혜의 요체입니다. 탄트라불교는 지고한 '사다나(수행)', 가장 높은 가르침이 자신을 완전히 숭배하는 것이라고 가르칩니다. 음식을 먹을 때, 평범한 관점으로 먹지 마십시오. 여러분이 어느 신에게 거룩한 공양을 올린다고 생각하십시오. 여러분의 음식은 거룩한 공양물이고 여러분은 그 공양을 받는 신입니다. 여러분의 몸은 만다라, 신성한 처소입니다.

탄트라불교는 가장 높은 '수행'이 자신의 몸을 사랑하는 것,

자신의 마음을 사랑하는 것, 자신의 영광을 사랑하는 것 그리고 자신의 불완전함을 사랑하는 것이라고 가르칩니다. 자신의 모든 결함과 영광을 위없는 붓다의 둘도 없는 현현으로, 여래장如來藏으로, 법신으로 받아들이십시오. 여러분이 할 일은 우리 모두가 여래장의 표현임을 인정하는 것 그리고 자신이 하나뿐임을 기뻐하는 것입니다. 자신의 문제, 결점, 약점을 자신의 지성, 힘, 거룩함과 마찬가지로 기뻐하는 것입니다.

제13장

마음을 그냥
내버려 두라

생각과 감정을 놓아 버리는 습관

오늘 하루를 평화의 날로 삼읍시다.
이날은 우리의 생각, 감정, 인식을
믿는 것을 잠시 멈추어 봅시다.
참된 내면의 평화는
자신의 마음을 믿는 것을
멈출 때에만 생겨납니다.

보통 우리는 일상적인 일들에 신경 쓰느라 바쁩니다. 우리는 관습적인 일들을 아주 잘 유지합니다. 건강한지 확실히 알려고 정기적으로 의사를 찾아갑니다. 또 종종 집을 개축하거나 수리하느라 많은 돈과 인력을 들입니다. 정원을 꾸미고 잔디를 가꿀 사람을 씁니다. 가끔은 은행계좌를 살펴 돈이 충분한지 확인합니다. 인간으로서 우리는 외부 세계에 신경 쓰는 데 아주 능합니다. 어쨌든 우리는 바깥세상에 거의 정신이 팔려 있습니다. 그러면서 마음은 등한시해 왔습니다. 우리는 마음을 살피는 데에 충분히 시간을 쓰지 않습니다. 이런 관점에서 볼 때, 정신적으로 산다 함은 꽤나 단순한 일입니다. 그건 누군가가 자기 마음을 살피느라 많은 시간을 쓴다는 뜻입니다. 거룩하게 산다는 뜻이 아닙니다. 이 관습의 사회에서 보통 사람들과 달리 산다는 것이 아닙니다. 단지 자기 집, 머리, 건강, 은행계좌에 신경 쓰듯이 마음에 신경 쓰는 데 어느 정도 시간을 들인다는 뜻입니다.

마음을 소홀히 한 결과는 아주 심각할 수 있습니다. 어쩌면 우리의 고통과 참상은 대부분 그저 마음을 소홀히 한 데서 생겨날 것입니다. 조만간 우리는 이런 충격적 결론에 이르게 될 것입니다. 우리 고통의 막대한 부분이 불필요한 고통이라고 말입니다. 이는 어찌 보면 좋은 소식입니다. 우리 고통의 막대한 부분이 본래부터 우리와 맞지 않는 그 무엇에서 생겨나는 것이 아님을 실감할 수 있습니다. 먹을 것이 부족해서, 병이 나서, 사랑하는 사람들과 떨어져 있어서 생기는 고통이 아니라는 말입니다. 그런 것이 아니고 단지 우리 마음을 돌아보지 않아서 생기는 것입니다. 그러니 정신적으로 산다는 것은 매우 단순합니다. 종교적인 사람으로 사는 것도 아니요, 성인聖人이 되는 것도 아닙니다. 남들보다 더 거룩하게 사는 것도 아닙니다. 마음을 살피는 데 시간을 쓰는 것입니다. 인간의 마음은 매우 힘이 셉니다. 선할 수도 있고 또 악할 수도 있습니다. 아주 파괴적일 수도 있습니다.

우선 우리는 인간으로서 마음이 있다는 것에 매우 감사해야 합니다. 여러분에게 인간의 마음이 없고 몸만 있다고 생각해 보십시오. 얼마나 우스꽝스러울까요? 이 마음이 없다면 인간 같지도 않을 것입니다. 마음은 우리를 인간으로 만드는 요소 중에서도 가장 중요한 요소입니다. 우리는 이 세상에서 하나뿐인 종種, 인간입니다. 우리는 생각을 할 수 있습니다. 자의식을 가질 수도 있습니다. 과거와 미래, 원인과 결과 사이를 연결할 줄도 압니다. 우리 자신을 미워할 수도 있고 사랑할 수도 있습니다. 이런 것을 못하는 종이 많습니다. 그러니 이 인간의 마음은 매우 강력한 힘입니다. 태풍, 화산, 지진만큼이나 힘이 셉니다. 너무나 힘이 센 탓에 자칫 방치하면 파괴적이 될 수 있습니다. 특별히, 잘만 돌본다면 아주 아름답고 선할 수 있습니다.

옛 명상 수행자들은 인간의 마음이 보통은 문제가 많고 다루기 힘들고 파괴적이고 걷잡을 수 없다는 것을 알아냈습니다. 그들은 이런 마음을 '원숭이 마음'이라고 표현하기까지 했습니다. 우리는 모두 원숭이 마음을 갖고 있습니다. 때로는 우리가 원숭이 마음을 가졌다는 것도 알아차리지 못합니다. 명상할 때 가장 좋은, 심지어 가장 힘이 되는 통찰은 깨어나서 초월적인 깨달음을 얻는 것이 아닙니다. 깨달았다고 느낀다거나 우리가 본래 붓다로서 참본성에 깨어났다고 느끼는 것이 아닙니다. 우리가 할 수 있는 가장 힘이 되는 통찰은 그런 것이 아니라, 우리가 원숭이 마음을 갖고 있음을 발견하는 것입니다. 저는 명상 집중수행을 이끌때, 사람들이 깨달은 느낌이 든다고 말하면 멀리 달아나고 싶어집

‘이 마음은 어디서 오는가?’

‘어디서 사라지는가?’

때로 우리에게 필요한 것은

단지 몇 분 동안의 이런 참구일 뿐입니다.

그러면 마음의 바탕이

비었음을 알게 됩니다.

잠시 일어난 마음속 생각과 감정을

집어 들지 말고 그대로 두면

조만간에 스러질 것입니다.

니다. 왜냐하면 상황이 정말 절망적이라고 느껴지기 때문입니다. 저는 그분들을 도와줄 수 없습니다. 그분들은 저에게서 배울 것이 아무것도 없습니다. 그러나 사람들이 자기가 원숭이 마음을 가진 것을 발견했다고 말할 때는 행복하고 설렙니다. 그분들을 도울 수 있다는 느낌이 들고 그분들이 제게서 배울 것이 뭔가 있다는 생각이 듭니다.

그러니 여러분 안의 붓다 마음을 발견하는 것에 대해 걱정하지 마십시오. 불심, 우주 의식 등등에 대한 강박관념을 떨쳐 버리십시오. 그 대신 안으로 들어가 이 원숭이 마음이라 불리는 것을 발견하십시오. 우리 모두에게는 원숭이 마음이 있다는 것을 우리는 압니다. 우리는 자기 마음도 알아차리지 못하는 경우가 많습니다. 원숭이 마음이 우리를 쥐락펴락해 왔습니다. 우리는 스스로도 의식하지 못하는 이 원숭이 마음에 말 그대로 통제를 받고 그 노예가 되어 왔습니다. 참된 숙고, 참된 명상은 정말이지 내면을 들여다보고 마음에 주의를 기울이는 것입니다. 그런 숙고를 통해 우리는 바깥세상에만 정신이 팔려 넋을 놓고 지내 왔음을 마침내 자각하게 될 것입니다. 우리는 불리한 상황을 피해 도망치고 유리한 상황을 좇느라 바삐 애를 써 왔습니다. 행복과 고통이 모두 우리 마음의 다른 두 상태라는 것을 깨닫지 못합니다. 우리가 마음에 주의를 기울이기 시작하지 않는다면 결코 참된 성취와 기쁨에 이를 수 없다는 것을 모릅니다.

　　마음에 주의를 기울이면 해묵은 마음의 습관이 많다는 것이 보입니다. 또 이런 마음의 습관들, 생각들, 감정들이 완전히 우리를 꽉 잡고 있다는 것도 보입니다. 그것들이 알게 모르게 우리를 부추겨 때로 아주 파괴적인 행동, 공격적이고 해롭고 심지어 난폭한 행동을 취하게 합니다. 기본적으로 우리는 우리 각자 안에 지저분한 것들, 심지어 마음의 쓰레기가 많다는 것을 알아차리기 시작합니다. 그것은 우리의 수행 길이 순조롭다는 진정한 신호입니다. 우리가 올바른 길을 걷고 있다는, 제대로 방향을 잡아서 가고 있다는 지표입니다. 또 우리가 명상하는 법을 안다는 신호이기도 합니다. 마음은 무너지는 집과 같고 독을 품은 나무와 식물로 뒤덮인 들판과 같습니다. 우리가 진정 안을 들여다보면 이런 것이 보입니다. 이렇게 하여 옛 명상 수행자들은 자기들 안에서 원숭이 마음을 찾아냈던 것입니다.

　　명상할 때 우리는 깨달음의 신성한 신호를 찾는 것이 아닙니다. 그 대신 우리는 이 원숭이 마음, 이 마음의 쓰레기를 찾는 것입니다. 명상을 하면 할수록 우리 모두 지닌 이 마음의 쓰레기를 더욱 더 알아차리게 됩니다. 이 마음의 쓰레기는 해묵은 감정, 파괴적 생각, 욕심, 두려움, 미움 등으로 가득 차 있습니다. 일단 그것을 알아차리면 그것을 초월하고자 하는 자연스러운 충동이 있을 것입니다. 이는 매우 고무적이면서 마음을 끄는 욕망입니다. 믿거나 말거나, 저는 인생의 대부분을 제 마음을 초월하려고 시도 하느라 보냈습니다. 결국 우리는 마음을 뛰어넘을 수 없고 마음을 떠나보낼 수 없다는 깨달음에 이르렀습니다. 우리는 우리 생각을 뛰어넘을 수 없고 우리의 두려움을 뛰어넘을 수 없습니다. 필요한 것은 깊은 참구입니다. 여기서 깊은 참구란 자신의 마음을 들여다 보는 것, 우리의 생각과 감정들의 깊은 곳까지 들여다보는 것입니다. 이러한 깊은 참구를 통해 우리는 그곳에 그다지 견고함이나 참됨이 없다는 것을 발견합니다. 우리의 생각과 느낌들 속에, 심지어 의식 속에도 진리나 유효성, 구체성이 없다는 것을 알게 됩니다. 그래서 붓다는 느낌은 거품과 같고 인식은 신기루와 같다고 말씀하신 것입니다. 물거품은 정말 생생해 보이지만 살짝 건드리면 그 안에 본체가 없습니다. 신기루도 진짜같이 보이지만 그 속으로 들어가려고 하거나 거머쥐려 하면 아무것도 없음을 알게 됩니다. 마찬가지로 우리 생각과 마음을 들여다보면 아무런 실체도 찾을 수 없습니다. 우리 생각, 감정, 마음의 바탕은 진짜로 존재하는 것이 아니라 실체 없이 헛되며 텅 비어 있습니다. 실재와 실체가 없기에 우리는 마음이 쌓아 올린 이것들을 당장 놓아 버리든가 아니면 매달리고 싶을 때까지 매달릴 수 있습니다. 우리는 수십 년을 아니 여생을 다 바쳐 생각에 매달릴 수도 있습니다. 물론 생각과 감정에 대한 집착을 떼지 못해 괴롭겠지요. 그러면 또 해롭고 파괴적인 행동을 할 수도 있습니다. 우리는 원하는 기간만큼 마음과 생각을 믿을 수도 있고, 당장 그 믿음을 멈추고 그런 마음과 생각을 탁 놓아 버릴 수도 있습니다. 우리는 이런 선택을 할 수 있습니다. 놀라운 선택 아닙니까? 자기혐오도 한 생각입니다. 언제까지나 그 생각을 믿으며 고통받을 수도 있고, 그 믿음을 멈출 수도 있습니다. 그러면 바로 그 순간 우리는 자유입니다.

물론 날마다 우리 마음속에 일어나는 생각의 패턴은 많고도 많습니다. 우리가 어떻게 뛰어넘어야 할지 모르는 생각 패턴이 한 두세 가지는 될 것입니다. 그런 생각 패턴은 보이지 않는 개체와 같고, 우리를 끈질기게 따라다니며 추격하는 악마와도 같습니다. 마음속에 이런 생각 패턴이 내내 따라붙는 한 우리는 행복할 수 없고 삶과 조화를 이룰 수 없다는 느낌이 듭니다. 그런 생각 패턴으로는 화가 있을 수 있습니다. 불안도 있습니다. 두려움도 있습니다. 어떤 믿음 체계일 수도 있습니다. 다음번에 이런 생각 패턴 중 하나가 일어나면 잠시 그것을 깊이 바라보십시오. 그 바탕이 실체가 없고 허깨비이고 텅 비었다는 것을 알게 될 때까지 바라보십시오. 일단 그 생각 패턴이 자체로서 텅 비었음을 알게 되면, 그것에 주의를 기울이지 마십시오. 그냥 그 생각대로 있게 놓아두십시오. 생각을 집어 들지 마십시오. 그러면 조만간에 생각이 스러질 것입니다.

　　마음이 실재하고 구체적인 것이라고 계속 믿는 한 이 아주 단순한 일, 즉 마음을 그냥 놔두는 법을 알 수 없습니다. 생각들을 그냥 두십시오. 따라가지도 말고 집어 들지도 마십시오. 이러한 깨달음은 참구를 통해 찾아올 것입니다. 전통적인 참구란 마음속으로 들어가 마음의 근원을 찾는 것입니다. 심지어 이렇게 계속 물어도 좋습니다. '이 마음은 어디서 오는가? 어디서 사라지는가?' 때로 우리에게 필요한 것은 단지 몇 분 동안의 이런 참구일 뿐입니다. 그러면 마음의 바탕이 비었음을 알게 됩니다. 때로는 몇 분밖에 걸리지 않을 수도 있고, 그 이상 참구해야 할 수도 있습니다. 며칠이나 몇 달 걸려야 이 깊은 깨달음에 이를 수도 있습니다. 이를 깨달으면 마음을 혼자 놓아두는, 지극히 단순한 이 방법을 어떻게 적용할지 알게 됩니다. 실제로 이것은 방법이 아닙니다. 방법 없는 방법이라 할까요. 그저 마음과 생각을 혼자 두는 것입니다. 마음속에서 생각을 믿지도 따라가지도 좇지도 않는 것입니다. 너무도 평범하고 단순한 것 같지요. 정신적인 에고에게는 평범하고 단순하게 보일 것입니다. 마음을 믿는 것을 멈추면 아무것도 일어나지 않으니까요. 옛날의 많은 큰스승들은 "결국은 찾아낼 것이 아무것도 없다"고 했습니다. 그래서 티베트의 한 이름난 스승은 "찾지 않음이 큰 찾음"이라고 했습니다. 마음을 믿는 노릇을 멈추면 찾을 것이 아무것도 없습니다. 여러분은 아무것도 찾지 않습니다. 단지 자신의 마음을 믿는 짓만 멈추었을 뿐입니다. 깨달음도, 열반도, 영원도 찾지 않습니다. 그런데도 광활함과 자유로움이 이렇게 넘실댑니다. 자신의 마음을 믿기를 멈추면 활짝 열림이 있습니다. 이 활짝 열림은 말하자면 마르지 않는 샘과 같아서, 거기서 사랑과 평화가 솟아납니다.

오늘 하루를 평화의 날로 삼읍시다. 이날은 우리 마음을 믿는 일을 멈춥시다. 참된 내면의 평화는 자신의 마음을 믿기를 멈출 때에만 생겨납니다. 자신의 마음을 믿는 한 평화는 안에도 밖에도 없습니다. 우리의 생각, 감정, 인식을 믿는 것을 잠시 멈추어 봅시다.

제14장

단지 살아 있음을
즐겨라

고통을 인정하고 들여다보기

고통의 뿌리인 갈애는
신경증이 되어 버린 욕망의 한 형태입니다.
명상으로 우리 몸과 마음이
완전히 평온해지면
더 이상 갈애도 두려움도 없는
터전에 선 느낌이 듭니다.

사람들은 실존이 위기에 닥치거나 깊은 성찰을 하게 되면 평소 묻지 않던 질문을 하기 시작합니다. '나는 왜 여기 있지?'라든가 '왜 처음에 우주부터 존재하는가?' '모든 것은 어째서 존재하는가?' 이런 질문입니다. 대부분은 우리가 왜 여기 있는지, 애초에 왜 생겨났는지, 태어난 뒤로 일어난 모든 사건이 왜 일어났는지 알지 못합니다. 삶에서는 많은 사건과 상황이 발생합니다. 어떤 것은 도발적이고, 어떤 것은 짜릿하고 보람 있으며 기쁨의 원천이 되기도 합니다. 그리고 우리는 늘 앞날을 내다보지 못합니다. 우리는 미래를 마음대로 할 수 없습니다. 미래는 항상 가장 큰 미지입니다. 내일 무슨 일이 일어날지 미리 말할 수 없습니다. 당장 오늘 저녁도 우리 각자에게 무슨 일이 닥칠지 모릅니다. 그러니 언제나 우리 실존의 근거로 보이는 이 미지의 세계와 이 크나큰 신비가 있는 것입니다. 우리 실존의 근거, 그것은 우리가 예언하거나 이해할 수 있는 무엇이 아닙니다. 언제나 미지인 채로, 가장 큰 신비인 채로 남아 있는 것입니다. 우리가 아직도 이해하지 못하는 일이 각자에게 많이 생겼을 것입니다. 때로는 몸이 아프기도 하고 이따금 보람찬 일도 있습니다. 우리는 일정 시간, 일정 장소에 태어났습니다. 이 모든 일이 어째서 일어났는지 우리는 모르며, 앞으로 일어날 일도 이해하지 못합니다.

물론 때때로 우리는 어째서 어떤 일이 생겼는지, 왜 우리가 여기 있는지, 내일 무슨 일이 일어날지 분석하고 알아볼 수 있습니다. 어느 정도는 원인과 조건들을 이해할 수 있지만, 그래도 여전히 크나큰 신비는 존재합니다. 크나큰 신비는 해결하라고 있는 것이 아닙니다. 이 미지의 것, 이 커다란 신비를 우리는 업karma이라고 부를 수 있습니다. 모든 게 우리의 업이라고 말할 수 있습니다. 그렇지만 우리는 결코 업을 이해할 수 없습니다. 그래서 옛 동양의 많은 철학자들이 "우리는 업을 완전히 이해할 수 없으니 업을 분석하지 말라"고 한 것입니다. 업이라는 개념인즉 우리가 스스로 실존의 신비를 결코 완전히 알 수 없다는 이야기입니다. 때로 우리는 모든 것에 대해 명확한 설명을 바랍니다. 모든 문제, 특히 우리가 싫어하는 문제를 풀 해결법과 치료법이 있기를 바랍니다. 문제는 소소한 것도 있고 큰 것도 있습니다. 소소한 문제는 머리카락이 자꾸 빠지는 증상 같은 것입니다. 그런 문제에 매달려 치료제를 찾으려 애쓰는 사람도 많습니다. 그러다가 큰 문제에 봉착하는데, 우리가 언젠가는 죽는다는 것입니다. 물론 우리가 바라는 바는 오래 사는 것 또는 영원히 사는 것입니다. 영원히 사는 것은 완전히 불가능하지만 그래도 많은 사람이 이따금 이런 욕망을 품습니다. 아무튼 요점은 우리가 여기 살아 있고, 그 사실에 대해 우리가 할 수 있는 일은 아무것도 없다는 것입니다. 마음을 바꾸어 먹기에는 너무 늦었습니다. 이 지구에 오신 것을 환영합니다. 우리는 꼼짝 없이 여기에 있고, 이제껏 출구 전략 같은 것은 전혀 없습니다. 그러니까 할 수 있는 한 이 세상을 즐기는 것이 좋겠습니다.

존재하고 싶다는 일종의 우주적 바람이 있는 것 같습니다. 내재적 욕망인 그런 바람이 아니라 힘으로서의 바람, 거의 영원한 힘으로서의 바람 말입니다. 옛 현자들이 말씀하셨듯이, 우주는 시작도 끝도 없습니다. 우주에 시작도 끝도 없고 영원한 힘만, 존재하고자 하는 이 영원한 욕망만 있다는 것은 놀라운 이론입니다. 그 영원한 욕망으로부터 모든 것이 생겨납니다. 쿠션에 묻은 먼지 한 올처럼 가장 작은 것에서부터 가장 무한한 실재에 이르기까지 모든 것이. 우주 전체를 통틀어 그것들은 모두 이 영원한 욕망을 통해 생겨납니다. 영원한 욕망 그 자체는 성스러운 것입니다. 불순한 것이 아닙니다. 그건 단순하지 않습니다. 우리는 모두 그 힘을 통해 생겨납니다. 그러니까 그런 관점에서 보면 우리는 성스러운 것에서 태어났습니다. 원죄에서가 아니라 본래의 성스러움에서 태어난 것입니다.

존재하고자 하는 욕망은 나쁠 것이 없습니다. 주위를 둘러보면 모든 것이 이 존재하고 싶어 하는 욕망을 지니고 있습니다. 나무들, 꽃들, 산들 모두 그런 욕망이 있습니다. 우리 자신 안에서도 그런 욕망을 볼 수 있습니다. 어느 때는 그것이 매우 합리적이고 어느 때는 매우 비합리적입니다. 우리는 몸이 아플 때 오래 살 수 있기를 희망합니다. 이기적인 이유 때문이 아닙니다. 우리가 사랑하는 사람들 곁에서 살고 싶은 것입니다. 그들을 도와주고 싶습니다. 이런 욕망은 합리적이고 영웅적입니다. 살고 싶고 존재하고 싶은 우리의 욕망이 순전한 본능일 따름일 때도 있습니다. 그 뒤에 논리 같은 것은 없습니다. 마지막에 우리는 업이라 불러야 할 이 커다란 신비와 마주쳐 모든 것을 떠나야만 합니다. 내가 왜 여기 있는지, 내 삶에 일어난 모든 일, 앞으로 내게 일어날 모든 일이 나의 업입니다. 좋은 소식은 여러분이 결코 업을 이해할 수 없을 것이라는 사실입니다. 이건 좋은 소식 맞지요? 기억하십시오. 옛날의 큰스승들이 이렇게 말했다는 것을. "그대의 업을 분석하지 말라." 모든 것을 명백하게 알아낼 필요가 없습니다. 커다란 신비, 크나큰 미지에 맡겨 두면 됩니다.

붓다는 인간 고통의 뿌리가 갈애渴愛라고 말씀하셨습니다. 갈애에는 세 가지가 있다고 했습니다. 존재에 대한 갈애, 감각적 쾌락에 대한 갈애, 비존재에 대한 갈애. 인간 고통의 뿌리, 바로 그것을 조명하는 방법은 전혀 추상적이지도 않고 개념적이지도 않습니다. 그것은 매우 과학적이고 심리적입니다. 때로 사람들은 인간 고통의 뿌리가 무지라고 말하는데, 그 말은 알아듣기 힘듭니다. 왜냐하면 무지, 원초적 무지라는 개념이 때로 매우 추상적으로 들리기 때문입니다. 그렇지만 갈애는 추상적이지 않습니다. 그것은 우리가 진정 관련지어 말할 수 있는 이야기입니다. 갈애라는 개념은 누구나 자기와 직접 관련지어 생각할 수 있습니다. 우리 마음으로, 몸으로, 뼈로 정말 이 개념을 이해할 수 있습니다. 붓다는 인간 고통은 모두 이 세 가지 갈애를 통해 생겨난다고 했습니다.

첫 번째가 존재에 대한 갈애입니다. 갈애는 그저 본능적 욕망 그 이상의 것입니다. 우리의 모든 본능, 모든 욕망이 그 자체로서는 좋은 것임을 기억하십시오. 때로 우리는 무엇이든 어떤 범주로 묶어야 직성이 풀립니다. 성스럽지도 속되지도 않은, 순수하지도 불순하지도 않은, 좋지도 나쁘지도 않은 그 무엇이 있을 수 있을까요? 여러분이 정말로 무엇이든 범주로 묶기를 좋아한다면 자신의 욕망, 본능, 심지어 존재하고 싶다는 영원한 욕망까지도 '성스러운 것'의 범주에 넣어 보기 바랍니다. 아니면 그것을 성스럽다고 부를 필요도 없습니다. 그냥 놔두십시오.

존재하고자 하는 우주의 욕망은 그 자체로서 그냥 좋습니다. 그것을 포용하십시오. 그에 대해 어떤 죄의식도 갖지 말고 그것을 존중하십시오. 욕망은 자연스러운 것입니다. 그러나 갈애는 좀 다릅니다. 갈애는 때로 자연스럽지 못합니다. 존재하고 싶다는 여러분의 욕망은 자연스럽습니다. 억지가 아닙니다. 자연스러운 것은 보통 건강합니다. 건강한 마음 상태가 있고, 건강하지 않은 마음 상태가 있다는 것을 아시지요. 건강한 본능과 건강하지 않은 본능이 있습니다. 존재하고 싶다는 여러분의 욕망은 온전히 건강합니다. 왜냐하면 자연스러우니까요. 여러분은 그 욕망을 갖고 태어났습니다. 갈애는 건강하지 않은 것 같습니다. 그것은 말하자면 욕망이 신경증이 된 수준 같은 것입니다. 거의 존재하고자 하는 신경증적 강박관념 같은 것입니다. 그런 갈애에는 보통 많은 두려움과 불안이 따라다닙니다. 그건 죽음에 대한 두려움으로 때로는 격렬하게 찾아옵니다. 실상과 무상함과 변화와 맞서 싸우니 격렬합니다. 많은 선사가 생사를 뛰어넘었다고 주장하는 말을 들어 보았을 것입니다. 여러분은 정말 죽음을 초월할 수 있습니까? 그것은 우리가 죽음을 초월한다는 말의 의미를 어떻게 이해하는가에 달려

몸으로, 뼈로, 골수로

자신의 고통을 알아차리십시오.

어떠한 저항도 없이 사랑과 용기로

자신의 고통을 느끼기를 계속하면

머지않아 고통은 모두 갈애,

뭔가를 갈구함에서 온다는 것을

깨닫게 될 것입니다.

있습니다. 어떤 시각에서 보면 우리는 죽음을 초월할 수 없습니다. 우리는 모두 죽을 테니까요. 달리 보면 우리는 죽음을 초월할 수 있습니다. 존재에 대한 우리의 갈애를 잘라 버리고 놓아 버릴 수 있는 그 순간 우리는 죽음을 초월한 것입니다. 그러면 더 이상 죽음이 두렵지 않습니다. 그러면 온전한 받아들임이 있습니다.

여러 해 전에 저는 인디애나 주에 있는 아름다운 불교 선원을 찾아갔습니다. 거기서 집중수행을 이끌어 달라는 초청을 받았습니다. 그때 멀리 티베트에서 제 할머니가 곧 돌아가실 것 같다는 전갈을 받았습니다. 저는 인터넷 매체를 통해 친구들과 특히 저를 길러 주신 할머니와 소통했습니다. 할머니는 여러모로 제게 어머니 같은 분이었습니다. 그때 당시 할머니는 말씀을 못 하셨습니다. 거의 돌아가신 것이나 마찬가지였습니다. 전통에 따라 저는 할머니를 향해 할머니와 주위 모든 사람을 위한 기도를 올렸습니다. 어떻든 저는 인터넷으로나마 할머니 얼굴을 지켜보고 할머니와 함께함으로써 이 평화를, 믿을 수 없을 만한 수준의 평화를 느꼈습니다. 할머니는 돌아가신 것이나 마찬가지여서 말씀도 못 하시고 아마 제 얼굴도 제대로 못 보셨겠지만 지극히 평화로웠습니다. 제 안에 비통함은 없었습니다. 이것이 좋은 것인지 아닌지 저는 모르겠습니다. 더 이상 비통함도 슬픔도 아등바등 싸우는 마음도 없었습니다. 제 안에는 온전한 받아들임이 있었습니다. 어쨌든 제 가슴에서 계속 이런 목소리가 들려왔습니다. 말하는 것은 제가 아니었습니다. 그 목소리가 할머니께 이렇게 말했습니다. "이제 가실 때입니다. 할머니가 떠나실 가장 좋은 시간입니다. 할머니는 모든 것을 충분히 겪으셨습니다. 할머니 당신의 삶을 충만하게 사셨습니다. 이제 더 이상 살지 마십시오. 할머니가 떠나실 수 있는 더할 나위 없는 날이 오늘이군요." 할머니를 바라보았을 때, 저는 그분에게 두려움도 없고 아주 미미한 저항조차 없는 것을 보았습니다. 그래서 할머니가 돌아가신 뒤에 제게 아무 비통함도 없었다는 것이 참 이상합니다. 물론 우리 모두는 살고 싶어 하지만 동시에 우리는 언제나 우리의 무상함, 죽을 수밖에 없음을 받아들일 준비가 되어 있어야 합니다. 어떤 전통에서는 아주 어린아이 때부터 언젠가 죽을 것이라는 사실과 자신의 취약한 실상을 꿰뚫어 보는 법을 가르친다고 합니다.

이처럼 우리 존재에 대한 신경증적 강박관념에서 다른 많은 형태의 갈애가 생겨납니다. 안전, 성공, 권력, 애정, 인정, 확신, 부 등에 대한 갈애입니다. 안락, 유리한 상황에 대한 갈애도 있습니다. 그러면 우리 고통의 대부분이 이런 갈애에서 온다는 것을 명확히 보게 됩니다. 실제로 당장 의식 속을 잘 들여다보면 아마 그 안에는 고통이 있을 것입니다. 고통을 찾았습니까? 아마 지금 당장 고통받는 것은 아닐 테지만 여러분 안에 고통이 있기는 있지요? 이는 강력한 참구입니다. 가장 강력한 형태의 자기 참구이고, 가장 강력한 형태의 자기 성찰입니다. 이 참구를 하기는 쉽습니다. 이러한 숙고를 하기 위해 굳이 산속이나 숲속으로 들어가지 않아도 됩니다.

그러니 저는 여러분에게 안으로 들어가서 안에 고통이 있는지, 아픔이 있는지 찾아내라고 하는 것입니다. 물론 고통은 보편적 상황입니다. 우리는 모두 고통을 겪습니다. 그러니 그 사실을 여기서 인정하십시오. 느끼십시오. 포용하십시오. 붙드십시오. 내치려 하지 마십시오. 우리는 고통을 내칠 수 없습니다. 치워 버릴 수 없습니다. 뛰어넘을 수 없습니다. 그래서 붓다는 이렇게 말씀하신 것입니다. "고통의 뿌리를 알려면 고통이 무엇인지 캐물어야 한다." 붓다는 결코 고통을 훌쩍 뛰어넘으라고 하지 않았습니다. 고통의 실체를 알고 그 뿌리를 잘라 버리라고 했습니다. 너무도 현명한 말씀입니다. 마음 수행의 여정에 들어선 뒤로, 어떻게든 고통을 뛰어넘을 수 있는 길이 있다는 그럴 듯한 착각을 한 적이 있습니까? 이런 착각을 하는 사람들도 있습니다. 어떤 사람들은 수행의 길을 걸을 때, 자기 고통을 뛰어넘어 이 세상 모든 현실의 저편으로 훌쩍 넘어가서 천상의 현실 속에서 영원히 살 수 있다고 믿는 단계를 거칩니다. 그러나 붓다는 말씀하셨습니다. "단지 그대의 고통을 자각하라"고. 붓다는 고통을 뛰어넘으라거나 없애라거나 제거하라고 하지 않으셨습니다.

여러분 자신의 고통을 알아차리라고 저는 말합니다. 몸으로, 뼈로, 골수로 자신의 고통을 알아차리십시오. 이따금 고통을 느끼십시오. 그리고 여러분이 어떤 저항도 없이 사랑과 용기로 자신의 고통을 느끼기를 계속한다면 머지않아 자연스러운 참구가 일어날 것입니다. 여러분의 고통은 모두 갈애, 뭔가를 갈구함에서 온다는 것을 깨닫게 될 것입니다. 여러분이 믿건 안 믿건, 갈애의 대상은 바뀝니다. 왜냐하면 우선은 갈애가 합리적이지 않기 때문입니다. 우리는 이것저것 갈구합니다. 편안함과 인정을 갈구하기도 하고, 개인적 영광을 갈구하기도 하고, 어떤 이상적 상황을 갈구하기도 합니다. 그것을 너무도 원하고 그걸 가질 때까지는 삶이 공허하고 불완전하다고 생각합니다. 갈애의 대상을 인정하십시오. 이러한 갈애는 우리에게 자연스럽지 않습니다. 욕망은 우리에게 자연스럽지만 갈애는 신경증적입니다. 갈애는 신경증이 되어버린 욕망의 한 형태입니다. 처음의 자연스러운 성격을 잃어버린 욕망입니다.

여러분의 고통과 그 뿌리를 인정하고 그것들을 보내는 법을 배우십시오. 때로 여러분 안에 더 이상 갈애가 없고 이미 자유로운 자리 하나를 찾을 수 있을 것입니다. 그래서 우리가 명상을 하는 것입니다. 우리 마음과 몸이 완전히 평온하면 우리 안에 더 이상 갈애도 두려움도 없는 터전에 서 있는 느낌이 듭니다. 이것이 우리 존재의 자연스러운 상태입니다. 우리 존재의 자연스러운 상태는 이미 갈애로부터 벗어나 자유롭습니다. 여러분이 종교인이라면 자신의 갈애를 모두 신에게 바치십시오. 인도에서라면 모든 것을 파괴의 여신 칼리에게 바칠 수 있습니다. 불자라면 자신의 모든 갈애를 크나큰 공空에 바칠 수 있습니다. 아무 종교도 믿지 않는다면 자신의 모든 갈애를 커다란 신비에, 우주라 불리는 거대한 진공청소기에 바칠 수 있습니다. 이렇게 바친다면 우주가 그 갈애를 모두 빨아들여 없애 줄 것입니다.

　우리가 존재한다는 것은 아름다운 일입니다. 존재한다는 사실을 그저 즐긴 순간이 있습니까? 아주 평온하고, 단지 살아 있음을 즐긴 그런 순간 말입니다. 여러분은 자신이 숨 쉬고 냄새 맡고 느끼고 맛보는 것을 즐긴 적이 있습니까? 그런 순간에 우리는 너무도 기쁨을 느낍니다. 우리가 바로 그 순간에 단지 살아 있다는, 지금 당장 존재한다는 사실을 즐기는 것입니다.

제15장

다시,
마음이 춤추게 하라

지금 이 순간에 머무르기

어린 시절을 기억해 보면
우리 마음은 언제나 춤추고 있었습니다.

우리 마음은 미움, 욕심, 후회를 몰랐습니다.

온전히 받아들이는 법을 배우면

우리 마음은 다시 조건 없는 사랑,

기쁨, 평화 속에서 춤출 수 있습니다.

샨티데바는 많은 시와 기도문을 썼습니다. 그 글들은 비록 수백 년 전에 쓰인 것이지만 사람들은 아직도 그의 글을 연구하고 그의 기도문을 외웁니다. 그가 쓴 시에 이런 것이 있습니다. "우리가 새, 나무, 식물 그리고 하늘에서 오는 법의 소리를 들을 수 있기를." 이는 아주 힘 있는 기도입니다. 아마도 은유이겠지만 이 모든 무생물의 법음까지 귀에 들린다는 것은 흥미로운 생각이며, 여러모로 의미 있는 이야기입니다. 법음은 붓다의 정신적 가르침입니다. 아마 우리는 새, 나무, 식물 같은 것들에게서 법음이나 붓다의 가르침을 말 그대로 들을 능력이 없을 것입니다. 하지만 많은 자료를 통해, 특히 사람들에게서, 개개인의 생애로부터 붓다의 가르침을 들을 수 있습니다. 용기 있는 사람들의 생애에서 우리는 고무되는 이야기를 많이 찾을 수 있습니다.

최근에 제가 누군가와 점심을 먹는데 상대방이 자기는 깨달은 사람을 한 명 안다고 했습니다. 제 친구에 따르면 그분은 다발성경화증이라는 병으로 시력을 잃었지만 깨달은 분이라고 했습니다. 용기 있고 깨달음까지 얻은 놀라운 분이 이 지상에 살고 있다는 건 마음 벅찬 소식 아니겠습니까. 제 친구가 말하기를 그분에겐 정신적 비결이 하나 있는데, 자유에 이르는 비결이자 절대적 행복의 비결이라는 것입니다. 그의 비결은 궁금증을 불러일으켰는데요. 알고 보니 꽤 단순한 것이었습니다. 깨달음에 이르는 그분의 비결은 "그저 온전히 받아들이는 것"입니다. 모든 것을 온전히 받아들이기. 삶을 온전히 받아들이고 고통을 온전히 받아들이고 시력 상실 같은 어려운 상황을 온전히 받아들이는 것입니다.

시력을 잃고도 마음을 닫지 않고 기쁘게 산다는 것은 매우 도전적인, 거의 생각할 수 없는 일입니다. 마음을 닫는 순간 주변 모든 것과 조화를 느낄 수 없습니다. 그러면 사랑하는 법을 모릅니다. 다른 사람을 보살필 줄도 모릅니다. 연민을 가지는 법도 모릅니다. 내면이 쓰디쓰게 변해 버립니다. 마치 놀부원문에는 미국 유명 동화의 주인공 '그린치Grinch'로 나옴. 마음이 뒤틀려 크리스마스의 흥을 깨는 인물을 가리킴처럼 됩니다. 다들 놀부 아시지요. 마음이 닫힌 사람으로 완전히 쓰디쓴 사람의 매우 센 전형이라 하겠지요. 그러니 제 친구가 해 준 이야기는 법음입니다. 우리가 눈을 크게 뜨고 귀를 활짝 열고 다니면 온갖 곳에서 온갖 경로로 들어오는 정신적 가르침이 많이 있습니다. 제게는 이 이야기가 바로 법음이었습니다. 굳이 오래된 조각 작품의 의미를 해독하거나 공식적인 설법 자리에 참석하지 않아도 됩니다. 저는 평범한 대화에서 이 이야기를 뭔가 자발적인 것으로 들었던 것뿐입니다. 마음을 벅차오르게 하는 이런 이야기를 들으면 우리 의식 속에서 뭔가가 깨어납니다. 지난날 알아듣지 못했던 무언가가 이해되는 느낌이 듭니다. "바로 그거야! 이게 문제의 핵심이야!"라고 말하고 싶어집니다. 마침 이 이야기를 듣기 바로 전날 저는 온전히 받아들이는 것에 대해 법문을 했습니다. 불교 가르침의 핵심이 이것임을 느꼈습니다. 불교의 핵심은 단순하면서 특별합니다. 이러쿵저러쿵 길게 말할 것이 없습니다. 모두 다 온전히 받아들이는 것에 대한 이야기입니다.

온전히 받아들이는 것이 자유로 가는 지름길입니다. 누구라도 자유에 이르는 지름길을 원하면 온전히 받아들여야 합니다. 누구나 지름길을 알면 좋아합니다. 깨달음으로 가는 지름길, 자유로 가는 지름길, 이런 지름길에 대한 말도 많았습니다. 혹자는 깨달음에 지름길이 있다고 합니다. 그런지 어디 봅시다. 그런 지름길을 찾아내어 깨달았다는 사람을 본 적이 있습니까? 지름길을 발견해서 참으로 깨달은 사람을 만난 적이 있습니까? 자유와 조건 없는 행복으로 가는 직선 코스, 가장 역동적인 길 같은 것이 있다면 그건 필시 온전히 받아들이는 행위일 것입니다. 이것이 유일한 가능성입니다. 때로 온전히 받아들임은 너무도 단순하지만 우리는 고분고분 받아들이려 하지 않습니다. 살다가 어쩌다 커다란 고통이 있을 때 어쩔 수 없이 온전히 받아들이게 된다고들 합니다. 죽음을 앞두고 있을 때, 비극적인 일이 우리나 우리가 사랑하는 사람들을 덮칠 때, 모든 것을 잃어버릴 때, 그때는 온전히 받아들이는 것 외에 다른 선택이 없습니다. 놀랍게도 고통은 우리를 내적으로 자유롭고 깨어 있고 홀가분해지도록 밀어붙일 수 있습니다.

옛날에 능숙한 스승들은 때로 제자를 몇 명만 받아들여 그들에게 온전히 받아들이는 법을 가르쳤습니다. 그것은 틸로빠 988~1069, 인도 벵갈 출신의 탄트라 수행자이자 큰스승. 불성을 증득하기 위한 무상 요가 탄트라를 수행하고 가르침을 베풂와 **나로빠** 1016~1100, 인도의 큰스승으로 나란다 사원에서 금강승金剛乘의 가르침을 탐구하던 중 틸로빠에게 카규빠의 법맥을 전승받음, **마르빠** 1012~1097, 티베트불교 카규빠의 큰스승으로 11세기 티베트의 불법 전파 제2기에 큰 역할을 함와 **밀라레빠** 1040~1123, 티베트의 걸출한 수행자 중에서도 가장 이름난 수행자이자 시인의 이야기처럼 매우 긴 과정일 수도 있습니다. 스승과 제자 사이에 일어난 일은 파격적이며 오늘날의 기준으로는 좀 너무 심한 일이었습니다. 여러분은 티베트 수행자 밀라레빠에 관한 글을 보았을 것입니다. 그는 티베트불교 전통에서 가장 놀라운 정신적 스승인 '마하싯다mahasiddha큰스승이라는 뜻의 산스크리트'입니다. 밀라레빠가 스승 마르빠를 만났을 때 마르빠는 탑 다섯 개를 쌓아 올리라고 명했습니다. 스승은 그에게 왜 탑을 쌓아야 하는지 그 이유를 전혀 말해 주지 않았습니다. 그뿐만 아니라 밀라레빠가 탑 하나를 다 쌓으면 마르빠는 번번이 그것을 무너뜨리고 돌 하나하나를 다시 제자리에 갖다 놓으라고 했습니다. 그가 이렇게 심한 훈련과 수행을 시킨 것은 온전한 자애, 에고 없는 자애에서 나온 것입니다. 만약 그게 아니었다면 이런 행동은 일종의 착취와 학대였을 것입니다. 마르빠는 밀라레빠에게 오랫동안 아무것도 가르치지 않았다고 합니다. 밀라레빠는 불교를 공부하기 위해 마르빠에게 갔으나, 마르빠는 오랫동안 그에게 불교에 대해 아무것도 가르치지 않았습니다. 대신 이런 파격적인 과제를 내준 것입니다. 결국 마르빠는 밀라레빠에게 온전히 받아들이는 법을 가르친 셈이었습니다.

온전히 받아들이는 법을 배우는 데는 두 길이 있는 것 같습니다. 하나는 믿기 힘든 극심한 비극과 고통을 통해서 배우는 것입니다. 또 다른 하나는 마르빠와 같은 비범한 스승 밑에서 공부하며 파격적인 과정을 기꺼이 감수하는 것입니다. 어쩌면 다른 방법이 더 있을 수도 있습니다. 아마 우리가 그렇게까지 괴롭게 배우지 않아도 될지 모릅니다. 우리는 결정적으로 온전히 받아들이

매사 온전히 받아들이려고
일부러 애를 쓸 필요는 없습니다.
그 대신 내면으로 들어가십시오.
긴장을 풀고 자연스러운 마음 상태에서
'지금 이 순간'에 머무르십시오.
그러면 자신의 마음, 본래 마음,
무구한 마음과 만나게 될 것입니다.

는 법을 배우기 위해서 지독한 스승을 찾아내지 않아도 됩니다. 온전히 받아들임은 마음 상태입니다. 우리가 바로 이 순간에도 할 수 있는 것입니다. 아마 우리 중에서도 많은 사람이 여기저기서 온전히 받아들이는 순간을 경험했을 것입니다. 참으로 온전히 받아들일 줄 알면 그것이 얼마나 홀가분하고 자유로운지 압니다. 삶을 온전히 받아들일 때 우리는 영광, 기쁨, 숱한 축복만이 아니라 행복, 고통, 태어남, 죽음, 실패도 온전히 받아들이게 됩니다. 집착과 강박관념을 모두 떨쳐 버리게 됩니다. 우리를 괴롭히고 속 편하게 두지 않는, 우리 마음이 춤추게 놓아두지 않는 강력한 환상들을 떨쳐 버리게 됩니다.

여러분이 믿건 안 믿건 우리 마음은 길들여지지 않은 춤꾼, 황홀경에 빠진 춤꾼입니다. 마음은 늘 춤추고 싶어 합니다. 어린 시절을 기억하면, 마음은 언제나 춤추고 있었습니다. 우리 마음은 미워할 줄 몰랐고, 욕심 부리거나 이기적으로 굴거나 후회하거나 매사를 옳다 그르다 판단할 줄 몰랐습니다. 우리 마음은 티 없이 깨끗했습니다. 막대기, 돌멩이, 나무 같은 것을 갖고 놀았습니다. 이것을 기억하면 마음이 자연스럽고 행복으로 가득한 춤꾼이라는 것을 알 수 있습니다. 마음은 늘 춤추고 싶어 합니다. 만물과 조화를 이루고 싶어 합니다. 온전히 받아들이고 싶어 합니다. 사랑하고 싶어 합니다. 녹아들고 싶어 합니다. 용서하고 싶어 합니다. 광활해지고 싶어 합니다. 모든 한계와 경계를 넘어서고 싶어 합니다. 마음은 바다처럼 우아해지고, 하늘처럼 탁 트이고 싶어 합니다.

어떻든 지금 우리 마음은 춤추지 않습니다. 물론 우리가 그 순수한 본래 모습, 티끌 하나 없는 마음과 접하는 순간도 많습니다. 그런 순간에는 우리가 자연히 너그럽고 용감하고 자애로워집니다. 마음이 춤추지 않을 때 하면 좋은 일은, 내면으로 들어가 이렇게 묻는 것입니다. '지금 내 마음이 춤추고 있는가? 내 마음이 조건 없는 사랑, 기쁨, 평화 속에서 춤추고 있는가?' 말로 하기는 쉽지만 이는 매우 강력한 참구입니다. 여러분의 마음은 춤추고 노래할 줄 압니다. 비극과 슬픔의 와중에도 사랑할 줄 압니다. 여러분의 마음은 자기를 그토록 괴롭게 만든 적을 사랑할 줄 압니다.

보리심은 우리가 체험할 수 있는 가장 아름다운 마음 상태입니다. '보리심'이라는 말을 '깨달은 마음'이라고 하는 사람들도 있는데, 이는 멋진 번역이지만 너무 어마어마합니다. 또 '보리심'을 '깨어난 마음'이라고 하는 사람들도 있는데, 이것은 아름다운 번역입니다. 대승불교에서는 보리심이 성불하기 전에, 즉 완전히 깨닫기 전에 지닐 수 있는 놀라운 마음이라고 말합니다. 대승불교는 여러분이 누구든 이 보리심, 즉 깨어난 마음을 바로 이 자리에서 키울 수 있다고 합니다. 비록 여러분이 착각에 빠져 있을 때라도,

지극히 고통스러운 마음 상태에 있더라도 보리심을 키울 수 있다고 합니다. 이는 상당히 힘이 되는 이야기입니다. 깨닫지 못했어도, 성불하지 못했어도 보리심을 일으킬 수 있다는 것입니다. 우리는 보리심, 깨어 있는 마음을 바로 지금 당장 발할 수 있습니다. 어찌 보면 우리 마음은 저절로 깨어납니다. 이미 깨어 있습니다. 지금이 바로 온전히 받아들일 때이고 마음이 춤추게 할 때입니다. 여러분의 마음이 춤출 수 있는 단 하나의 길은 온전히 받아들일 준비를 하는 것입니다. 모든 것을 온전히 받아들이고 여러분의 모든 희망, 모든 두려움을 떨쳐 버리십시오. 집착도 미움도 모두 떼어 내십시오. 단 한 순간만이라도 그렇게 해 보고 무슨 일이 일어나는지 보십시오.

17세기의 무난 선사無難 1603~1676. 일본 선승으로 개인의 깨달음만 추구하느라 은둔만 선호하고 세상 사람들을 경시하는 수행을 쓸모없는 수행이라고 반대했음는 이렇게 아름다운 선시를 썼습니다. "그대 살아 있으면서 죽으라. 아주 죽으라. 그러면 원하는 것은 무엇이든 할 수 있다. 무엇을 해도 좋은 일이다." 이 시는 많은 생각을 불러일으킵니다. 몇 년간 불교 수행을 해야 이 시를 이해할지도 모릅니다. 이 시가 너무도 미묘하기 때문입니다. 너무도 단순하고 그러면서도 미묘합니다. 이 시는 지적으로 읽었을 때 대단한 내용은 아닙니다. 사실 머리로 읽으면 말이 안 됩니다. 이 시 안에는 지식도, 정보도, 이

론도 없습니다. 아주 단순합니다. 그래서 여러분이 불교의 껍질 아닌 진수에 도달하기 시작하면 이 시는 점점 덜 개념적인 시가 됩니다. 점점 더 단순해지고 점점 더 체험과 맞닿고 점점 더 시적이 됩니다. 더욱 더 미묘해집니다.

심심풀이로라도 과연 죽으면 어떨지 생각해 본 적이 있습니까? 저는 아주 어렸을 때 속으로 이런 생각을 하곤 했습니다. '내가 죽으면 무슨 일이 일어날까?' 두려웠지만 그때 저는 제가 이런 생각을 하는 이 정신일 것이라고 생각했습니다. 이것이 아주 흥미로워 이것에 대해 명상하곤 했습니다. '나는 이 정신일 거야. 어디든 훨훨 날아갈 수 있고 여행할 수 있을 거야. 더 이상 원하는 것도 없을 거야. 아무것도 필요 없겠지. 외모에 신경도 안 쓰겠지. 죽었으니 어떤 일이 일어난대도 상관없겠지.' 그러나 죽음에 대해 생각할 때 저는 죽음을 일종의 허무 상태로, 모든 것의 종말로 생각하지 않았습니다. 그보다는 내가 훨훨 날아다니는 정신이 되는 그런 상태로 생각했습니다. 사실은 우리가 지금 당장 날아다니는 정신일 수도 있습니다. 우리는 인생이라는 공간 속으로 날아들 수 있습니다. 그리고 우리가 누군지 우리가 무엇을 가졌고 무엇을 갖지 못했는지 걱정할 필요도 없고 신경 쓸 필요도 없습니다. 돈이 많은지 없는지, 인간관계가 있는지 없는지 그런 것도 마음에 둘 필요가 없습니다. 우리가 아픈지 아닌지도 마음 쓸 필요 없을 것입니다. 심지어 아까 앞서 얘기한 그 놀라운 인물처럼 두 눈이 있는지 없는지조차 괘념치 않을 것입니다.

온전히 받아들이고 우리의 집착과 강박관념을 모두 떨쳐 버린다는 것은 죽음의 한 형태입니다. 적어도 에고는 죽는 것입니다. 옛날의 많은 스승이 실제로 이 과정을 거쳤습니다. 그들은 내적으로 완전히 죽었습니다. 그들은 이 정신들처럼 살았습니다. 물론 살아 있으면서 말 그대로 죽을 수야 없겠지요. 그걸 모르는 게 아닙니다. 곰곰이 생각해 보면 정말로 살아 있는 동안에 죽을 수 있다면 참으로 놀랍고 홀가분하겠다는 생각이 들지 않습니까? 만약 우리가 말 그대로 그럴 수만 있다면(불가능한 일이지만) 그때는 두려움, 바람, 욕심, 야망 모두 상실할 것입니다. 그런 것을 다 잃었을 때 우리가 체험할 수 있는 유일한 것이 사랑이라서 우리는 모든 이를 사랑할 수 있게 될 것입니다. 그러면 지금 이 순간에 살 수 있을 것이며, 우리 마음은 언제까지나 춤을 출 것입니다.

어찌 보면 우리가 살아 있으면서 죽을 수 있는 길이 있을 것도 같습니다. 기억하십시오. 그것은 온전히 받아들이는 일의 일부분입니다. 우리의 강박관념, 욕심, 두려움, 미움 모두를 떨쳐 버리는 것입니다. 바로 지금 이 순간 그렇게 할 수 있습니까? 보통은 이에 거센 저항이 생깁니다. 그 저항이 어디서 오는지 보십시오. 그 저항은 마음에서 오는 것이 아닙니다. 우리 존재의 깊은 곳에서 나오는 것도 아닙니다. 그것은 에고에서, 인간의 에고에서 옵니다. 모든 것을 놓아 버린다면 어떻게 될까요? 진정 모든 것을, 두려움, 희망, 이 모두를 놓아 버린대도 길바닥에서 죽지는 않을 것입니다. 비록 에고는 그렇게 말하겠지만 말입니다. 에고는 그런 거짓 경고를 보내겠지요.

정말로 우리를 옭아매는 모든 것을, 우리를 괴롭히는 모든 것을 놓아 버린다면 어떻게 될까요? 단 하나 일어날 일은 우리 마음이 다시 춤추게 된다는 것 그리고 우리는 속에만 간직해 둘 수 없을 만큼 크나큰 자유, 기쁨을 느끼게 된다는 것입니다.

실제로 우리는 온전히 받아들이려고 일부러 애를 쓸 필요가 없습니다. 이 일은 너무 힘들 것 같습니다. 일부러 애를 쓰다 보면 이번에는 또 '온전히 받아들이기 경쟁'을 할 테지요. 정신적 마라톤, 정신적 올림픽 경기가 펼쳐질 것입니다. 어떻습니까? 실제로 정신적 올림픽이라는 것이 있습니다. 공식 발표된 경기는 아닙니다. 최고의 명상가, 최고의 금욕 수행자, 누구보다도 잘 깨달은 사람이 되겠다고 정말 열심히 노력하는 사람이 많습니다. 그러니 여러분 개인의 의지를 발휘하거나 일부러 노력을 기울여 온전히 받아들이려고 애쓰지 마십시오. 매사를 온전히 받아들이려고 애를 쓰다니, 너무 할 일이 많은 것 같습니다. 그 대신 내면으로 들어가십시오. 때로는 그러기만 하면 됩니다. 내면으로 들어가 자신이 마음과 접촉하도록 두십시오. 여러분의 마음은 제대로 인정받기를 기다리고 있습니다. 그래서 티베트 스승들이 명상에도 여러 형태나 수준이 있다고 종종 말씀하신 것입니다. 가장 높은 수준이 이른바 애씀 없는 명상입니다. 그분들 특히 닝마빠 전통의 스승들이 명상법을 가르칠 때는 늘 이렇게 말했습니다. "아무것도 하지 마라." 지금 이 순간에 머물라는 것입니다. 자연스러운 마음 상태에서 긴장을 푸십시오. 긴장을 풀고 자연스러운 마음 상태에 머물 수 있다면 여러분은 자신의 마음, 본래 마음, 무구한 마음과 만나게 될 것입니다. 그러면 온 마음이 원하고 있기에 온전히 받아들이는 것이 아주 수월한 일이 됩니다.

옮긴이의 글

이 책은 아남 툽텐 린포체의 세 번째 책입니다. 해설이나 부연 설명이 전혀 필요 없을 만큼 단순 명료하게 붓다 가르침의 정수를 담고 있으므로, 옮긴이로서 단지 몇 가지만 알려드리고자 합니다.

저자가 사용한 단어 'love'는 때에 따라 '사랑' 혹은 '자애'로 옮겼습니다. 실제 한국불교에서, 특히 수행과 관련해 일반적으로 쓰이는 단어는 '자애'이지만 보편적으로 '사랑'이라는 말이 더 자연스럽게 읽힐 때는 그렇게 하였습니다. 그리고 'spiritual'이라는 말을 '영적'이라고 번역하지 않았습니다. 이는 불자이자 번역가인 저의 오래된 소신입니다. 이 책의 제2장에서 "불교에는 '영혼'이라는 것이 없습니다"라고 저자도 딱 잘라 말하고 있습니다. 붓다 가르침의 기본이 이것이며 '노 셀프'도 여기에 토대를 두고 있습니다. 실체로서 존재하고 영속하는 '영혼'이라는 것이 없을진대 'spirituality'를 '영성'으로, 'spiritual'을 '영적'으로 번역하는 것은 — 적어도 붓다의 가르침을 토대로 하는 글에서는 — 옳은 번역이 아니라 생각됩니다. 흔히 쓰이는 이런 말들을 두고 왜 굳이 다소 생소하게 '정신성' '정신적'이라는 역어를 택했는지 궁금해할 독자를 위해 그 이유를 밝혀 둡니다.

비록 부족한 구석이 많겠으나 이 번역을 통해 부디 많은 독자가 마음의 평온을 얻고 깊은 명상과 통찰로 '노 셀프'의 감로수를 맛보시기를 발원합니다. 제목처럼 모든 순간을 사랑으로 껴안되 이 사랑은 붙드는, 집착하는 사랑이 아니라 홀가분하게 놓아주고 스스로도 홀가분해지는 사랑임을 읽다 보면 당연히 아실 줄 압니다.

곧 한국에서 열리는 아남 툽텐 린포체의 집중수행을 기다리며, 첫 번째 책에 이어 그분의 글을 계속 번역하고 수행 자리에 함께할 수 있는 귀한 인연에 감사합니다. 번역 과정에서 도움과 격려의 말씀을 주신 스승 미산 스님과 혜봉 선생님, 담정 선생님께도 감사합니다. 이 번역의 작은 공덕이라도 있다면 모든 중생의 자비와 지혜의 증장을 위해 회향합니다.

2016년 늦가을

소나 임희근 합장

후회 없이 걱정 없이 지금 여기에서

모든 순간 껴안기

초판 1쇄 발행 2016년 12월 9일
초판 2쇄 발행 2023년 2월 17일

지은이   아남 툽텐
옮긴이   임희근

펴낸이   오세룡
기획·편집   여수령 정연주 박성화 손미숙 최은영 곽은영
디자인   김경년(dalppa@naver.com)
           고혜정 김효선 박소영
홍보 마케팅   허승
펴낸곳   담앤북스
           서울시 종로구 새문안로3길 23(내수동) 경희궁의 아침 4단지 805호
           대표전화 02)765-1251 전송 02)764-1251 전자우편 damnbooks@hanmail.net
           출판등록 제300-2011-115호
ISBN   979-11-87362-47-0 (03320)

이 책은 저작권 법에 따라 보호받는 저작물이므로 무단전재와 복제를 금합니다.
이 책 내용의 전부 또는 일부를 이용하려면 반드시 저작권자와 담앤북스의 서면 동의를 받아야 합니다.

이 도서의 국립중앙도서관 출판예정도서목록(CIP)은 서지정보유통지원시스템
홈페이지(http://seoji.nl.go.kr)와 국가자료공동목록시스템(http://www.nl.go.kr/kolisnet)에서
이용하실 수 있습니다. (CIP제어번호 : CIP2016027429)

정가 14,000원